J. DURANDEAU

LA COMÉDIE

A CENT ACTES

PARIS

LIBRAIRIE DES BIBLIOPHILES

Rue Saint-Honoré, 338

M DCCC LXXXI

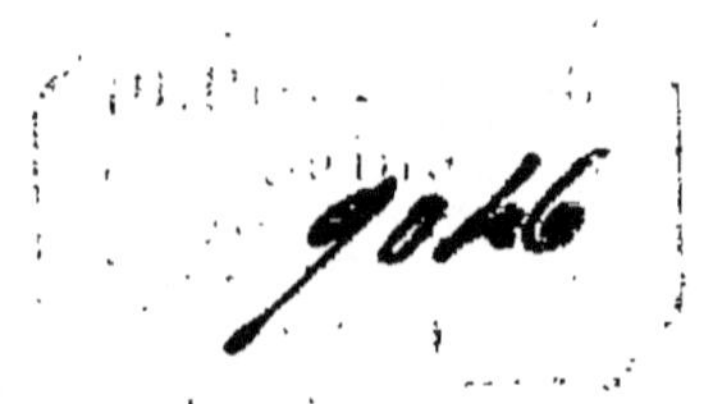

LA COMÉDIE

A CENT ACTES

« ...Une ample comédie à cent actes divers
Et dont la scène est l'univers. »

LA FONTAINE.

J. DURANDEAU

LA COMÉDIE
A CENT ACTES

PARIS

LIBRAIRIE DES BIBLIOPHILES

Rue Saint-Honoré, 338

M DCCC LXXXI

PROLOGUE

Allons par les sentiers, les bois et la prairie,

La comédie est là, qui nous attend, fleurie!

Des replis du terrain débusquant tout à coup,

Son doux enseignement nous suit à pas de loup :

 La Terre ouvre sa grande école!

 La Bête alors prend la parole,

Et l'Arbre, et le Poisson, cet être si discret!

Nous voyons chacun d'eux, dans ses diverses poses,

Des vices des humains reproduire maint trait;

Bientôt s'offre à nos yeux tout le dessous des choses;

L'homme dans l'animal découvre son portrait.

Le grand Magicien qui fait parler ce monde

En qui se cache et vit la sagesse profonde,

C'est Jean de La Fontaine, un rêveur! Il paraît,

 Et soudain la pièce s'anime,

Où le plaisant se mêle au naïf, au sublime !

   Mais, par un art exquis,

De la scène d'abord dessinant un croquis,

Il nous peint la Nature en ses plus frais ombrages.

Nous goûtons ses tableaux, où près de gais rivages

Le long Héron s'avance; il va nonchalamment

    Et promène Sa Seigneurie

    Le long d'un lac au flot dormant,

    Tandis qu'au fond de la prairie,

Penché sur l'eau, le Loup mange des yeux l'Agneau,

Et cherche une querelle en troublant le ruisseau.

Tout rajeunit et vit sur la toile du maître !

La Nature et la langue ont un aspect nouveau,

Un coloris que seul il eut l'esprit d'y mettre,

Et des effets que seul sut rendre son pinceau.

Des Boileaux trop pédants rejetant le contrôle,

Quand il fait apparaître un acteur dans un rôle,

Au gré de sa morale il sait le rajeunir :

Car nos trois Unités n'ont pu le retenir;

Il a trouvé le biais, guidé par la Nature,

Pour atteindre au théâtre en riant de nos lois ;

Le convenu n'allant point à sa libre allure,

Il a rompu le vers qui se plie à sa voix ;

Il emporte la pièce où Corneille a su mordre !

La comédie au drame en un charmant désordre

Succède ou bien se mêle, ainsi que chaque jour

Les scènes de la mort aux duos de l'amour.

Ainsi marche la vie, ainsi va La Fontaine !

De la métamorphose il connaît le domaine ;

Un acteur mort revit sous des aspects nouveaux :

C'est la Nature encore avec ses renouveaux !

Mais les trois coups, frappés selon l'antique école,

Avertissent qu'il faut écouter les acteurs [1].

---

[1]. On voudra bien remarquer que chaque fable peut être regardée comme formant une scène, et chaque livre un acte de cette vaste comédie à cent actes divers. Les douze livres de La Fontaine représentent à ce compte douze actes, en sorte qu'il en reste quatre-vingt-huit encore à composer. Il est vrai que, depuis le XVIIe siècle, Florian y a ajouté quelques actes, et nombre d'autres fabulistes quantité de scènes, mais des scènes seulement, dont la supputation totale est peu de chose en regard du chiffre énorme de quatre-vingt-huit actes.

D'abord on n'entend guère ; il fait, sur ma parole,

Au théâtre un tel froid que tous les spectateurs

Battent des pieds, chauffant leurs doigts de leur haleine.

La bise siffle fort ! Une Cigale en peine

Sur la scène paraît, et, de ses premiers mots,

On n'en perçoit que peu, mais fort bien ses sanglots ;

Car la pauvrette pleure, elle se désespère !

Dame Fourmi lui parle avec un ton sévère,

Lui demande, en raillant, ce qu'elle a fait l'été ;

Puis, un arrêt de mort aussitôt est porté.

Les buissons seront donc au printemps sans poëte ;

    Bien vainement la Cigale a compté

      Sur un Mécène qui lui prête !

Il lui faudra mourir sous la bise et la faim,

      Et, voyant cette triste fin,

On songe que plus d'un ainsi chez nous succombe !

    La scène en un clin d'œil est changée, et j'entends

    Parmi les bois touffus et les fleurs du printemps

      Le bruit d'un fromage qui tombe.

      Salut à Monsieur du Corbeau !

Je me croyais encor tout auprès d'une tombe,

Et je me trouve en face d'un vieux Beau !

La Cigale tient sa revanche :

Car, sachez-le, Renard, le vieux routier

Dont la voix ne fut jamais franche,

Est pour l'instant poëte du quartier;

Il chante, fin matois, le plumage et la grâce

De ce badaud, épais de race,

Qui, plein de soi, s'admire tout entier !

Moins friand de fromage, hélas ! que de louange,

Il aime qu'on le gratte au lieu qui lui démange;

C'est une proie offerte au beau premier flatteur !

Oui, je te reconnais sous l'habit du conteur,

Cigale à cette heure vengée ;

Mais là, c'est la Fourmi changée

Pour son manque de cœur, le plus affreux péché,

En un noir sot sur un arbre perché.

A voir ainsi la lourde bête

Faire piteusement, en l'air, meâ culpâ,

Plus d'un enfant tourne la tête

Et regarde son gros papa,

Le bourgeois rengorgé qui justement est là.
   De rire alors on se fait une fête.

   Mais c'est bien pis à la scène qui suit !
Là, Prudhomme apparaît, orgueilleuse Grenouille,
   Qui dans son jus de vanité se cuit.
   Non satisfait de son ventre en citrouille,
   Il veut atteindre à la taille d'un bœuf,
Dont il voit par les prés la belle et grave forme.
   Lui qui n'est pas gros en tout comme un œuf,
     Étant épais, se croit énorme !
   Il s'enfle donc et se distend la peau,
    Qui crève, et notre vieux Corbeau
    Se transforme en une autre bête.

Que pense là-dessus le Mulet à sonnette ?
Mais il ne m'entend pas, tant son emploi nouveau
   Lui fait lever et le pied et la tête :
Chez un sot la faveur trouble ainsi le cerveau !
    Il est surpris qu'on le terrasse ;
Il gémit, il soupire ; il se plaint du Destin,

Tandis que sans danger l'autre quitte la place,

Mulet portant l'avoine et le blé du moulin.

Parfois l'obscurité convient au plus malin,

Et l'autre, c'est Renard ; il dit au camarade

> *(Et chacun le reconnaîtrait*

> *A ce seul trait) :*

> *« Tu ne serais pas si malade*

Si tu n'avais servi qu'un meunier, comme moi ! »

> *C'est ironie, et non ruade !*

Le Mulet se mourait, tremblant encor d'effroi,

Lorsque vint à passer le Métamorphosiste

Qui vous en fait un Chien admirable à la piste,

> *Mais surtout prompt à pourchasser les gens*

Portant bâton, besace, attributs d'indigents.

> *Comme au détour du bois j'admire*

La réponse du Loup, si pleine de fierté :

> *Qu'elle est belle la liberté !*

Sous les flancs creux du fauve elle bat, et respire

> *Dans cette altière majesté !*

> *Dieu ! qu'elle fuit d'un pas rapide*

Au mot du chien [1]*, qui, béat et stupide,*
Lui jette sans comprendre un regard de pitié.
Au chenil, lâche! Allons, viens me lécher le pié!

Ne vois-tu pas ce Lion qui s'avance?
Eh, le reconnais-tu, le Loup devenu roi?
Mais la peur te transforme en Chèvre sans défense;
Écoute ce que veut sire Lion de toi.

« Chèvre, dit-il, et vous, ses deux compagnes,
Brebis, Génisse, allez, battez bien les campagnes,
Chassez de votre mieux, ou sinon c'est à moi
       Que toutes trois aurez affaire.
Quant aux parts du butin, je les adjuge ainsi :
En qualité de roi, j'ai droit à la première;
En qualité de fort à la seconde aussi;
La troisième au vaillant doit échoir tout entière;
Si quelqu'une de vous touchait à la dernière... »
       Disant, sur son entourage penaud,
       Et comme signe sans réplique,

---

1. Ce mot est : « Pas toujours! » — Voyez la fable.

Sire Lion levait la griffe en haut...
Trait d'éloquence unique !
Dans nos beaux cours de rhétorique
On s'en tient aux... suspensions du mot !
Il soulignait par là le sens de sa harangue,
Quand il changea de thèse.

Aux pieds de Sa Grandeur
Il voulut, bon Jupin, que chacun en sa langue
Lui dît s'il découvrait en soi quelque laideur :
Il mettrait, lui, bon roi, remède à toute chose.
On ne trouva qu'à louer, et pour cause !
Dans les cerveaux il est un grain de vanité,
Ce grain poussa chacun vers un portrait flatté.
Nous en tirons tous bénéfice ;
Par lui depuis vingt ans je me suis supporté !
A côté de ce grain est un grain de malice,
Et qui ne l'a parmi nous exploité ?
Mais glissons sur le fait de la double besace,
Enflée, ainsi qu'un gros ballon d'Alsace,
Du côté des défauts dont on se croit exempt,

Mais qui soudain s'aplatit, se détend,
　　　Dès qu'on la considère
Par la pente opposée, où chacun ne met guère
Que ses propres défauts !... Ce n'est pas d'aujourd'hui
Que cet effet d'optique a lieu dans la prunelle ;
Yeux de taupe pour nous, et de lynx pour autrui,
　　　Vous nous abusez la cervelle !

En ceci Lynx encore, si j'en crois
Le Fabuliste ; il met en scène l'Hirondelle,
　　　Cette Cigale de nos toits,
Qui, sachant l'avenir, sermonne cette fois
　　　Des Oisillons la bande réjouie.
Les avis coup sur coup donnés et repoussés,
Les beaux discours en vain sassés et ressassés,
Les clameurs de la foule, étonnante obstinée,
Qui va, malgré Cassandre, où veut la Destinée
En passant par la cage, et puis par le chaudron ;
Voilà de ces traits forts qui donnent le frisson.
De claire vue, hélas ! cette complète absence
Fait songer à la Grèce, à son Œdipe en sang ;

On entrevoit la main d'une aveugle puissance;

On est là sous le coup d'un drame saisissant!

O des cerveaux humains incurable démence,

Et des Dieux, cœurs de fer, effrayante inclémence,

Pour vous la fable, en vain, élève son accent!

J'étais encore ému, quand parut l'intermède.

Je plaignais les oiseaux plumés; mais chacun cède

Au rire, car deux Rats font par des vers trottants,

  En strophes courtes, cadencées,

  Sautillant comme leurs pensées,

S'épanouir la rate à tous les assistants.

Ce tapis de Turquie et ces frayeurs comiques

De nos acteurs plaisants singent bien les mimiques.

La toile, sur un mot digne de nos bourgeois :

« Manger tout à loisir! » s'abaisse cette fois.

Sur un décor charmant le rideau se relève :

Au fond, un bois; plus près, un doux berger qui rêve;

Ici, verte prairie; à travers, un troupeau ;

  Et, tout là-bas, là-bas, un clair ruisseau ...

Qui, bruyant, fuit le bois plein d'ombre et de mystère ;

Vers cette onde un agneau court et se désaltère.

On goûtait la fraîcheur et le charme du lieu,

    Quand tout à coup parut, grand Dieu,

Un Loup ! Il sort du bois avec l'eau qui ruisselle.

Un dialogue sombre (où la bête cruelle

Entre ses dents à jeun et dans son creux gosier

    Fait voir la faim qui la dévore)

S'engage avec l'Agneau, qui ne connaît encore

    Que de nom l'affreux carnassier ;

Aussi lui répond-il d'une langue candide.

    Par les seules forces du vrai

    Du sophiste perfide

    Il repousse et brise le trait.

La force brute alors se montre à nu, hideuse,

    Telle qu'elle est quand la nuit ténébreuse

Ne la recouvre plus de son épais manteau

Et qu'il lui faut paraître au soleil clair et beau.

Elle foule le droit et rit de la justice !

    Le tendre agneau, blanc, innocent,

Ce lait de vérité, pour elle est un supplice ;

Il faudra qu'il périsse !

Le drame au fond du bois s'accomplit dans le sang.

.   .   .   .

.   .   .   .

.   .   .   .

De La Fontaine ainsi marche la comédie.

En ses cent actes si divers,

Qui sont de nous la fine parodie,

S'expliquant, elle peint tout le vaste univers !

Jusqu'au trône des dieux elle porte la tête,

Jusqu'à l'humble roseau, pour qui tout est tempête,

Sans peine elle descend, sans jamais s'abaisser.

Par elle le conteur a su tout embrasser,

Et du siècle fameux ce rival de Molière

A laissé des portraits vivants, à sa manière.

L'histoire est transparente au fond de ses écrits ;

Chez lui la moindre fable est perle de haut prix !

Et moi, qui suis sa trace et marche dans sa voie,

Aurai-je plus d'esprit que ma commère l'Oie,

Qui se croit un beau Cygne et chante à faire peur ?

O toi, la terreur et la joie

Du tout petit comme du grand auteur,

C'est à toi d'en juger, fin Renard, cher Lecteur!

LA COMÉDIE

A CENT ACTES

LIVRE I

LE LECTEUR ET L'AUTEUR

« Des Fables ? — Oui, vraiment ; hé, Lecteur, pourquoi pas ?
  — Des fables après La Fontaine !...
— Le crime, je l'avoue, est grand, et mon trépas,
  Alceste, seul peut apaiser ta haine.
— Oui, meurs vite, et rejoins Florian l'onctueux,
Ce Philinte qu'un jour je connus capitaine,
Dont j'ignorais alors le vice monstrueux,
  Nouvel Oronte à la fertile veine,
Faisant la fable ainsi que l'autre le sonnet.
  — Mais, si ma fable te prenait,

Comme fit Célimène, en t'offrant pour amorce
Cette fois raison droite, élévation, force,
     Ne me pardonnerais-tu pas ?
          — Peut-être. — En tous cas
Sous la forme d'un conte une morale douce
     Pour tout le monde est-elle sans appâts ?
Au sentier des vertus nul n'aime qu'on le pousse
Avec le fouet qui claque aux reins de nos chevaux,
Ou le tonnerre creux qui gronde au sermonnaire,
Dont s'arment nos Jupins qui, du haut de la chaire,
     Lancent l'éclair sur leurs bêlants troupeaux.
— Ah ! je t'entends ; tu veux jouer au philosophe
          Et, métaphysicien creux,
Déduire savamment les arguments poudreux
          Dont l'école s'étoffe
          Pour cacher son manque de cœur
Et paraître en public avec un air vainqueur.
     Regarde donc comme dans la pratique
          Ils font une figure étique
Tous ces beaux professeurs trônant aux premiers rangs !
     Ce sont, hélas ! des cathédrants,

Expositeurs de vieille et de nouvelle Éthique,
Enfants de l'Éclectisme, un compagnon malsain
Sorti, fausse Athènè, du cerveau de Cousin !
Tu tournes dans ce cercle et brouilles ta cervelle ;
La fable est une issue à cette diallèle ;
Elle te pousse au bien avec discrétion ;
   N'ayant souci du terrain théorique,
     Son parler vise à la pratique ;
     C'est la morale en action.

LA CIGALE ET LA FOURMI

AU XIXe SIÈCLE

   Durant l'été, près de la Bourse,
   Temple du dieu Vide-gousset,
   Mais pour d'aucuns lieu de ressource,
   Aux arbres la feuille poussait,
   Feuille d'argent dans ces parages ;
   La Cigale s'en repaissait
   Et chantait ses amours volages,

2.

Tandis qu'en bas, parmi les sages,

Toujours économe, entassait

La Fourmi qui n'est pas prêteuse.

Mais la Cigale, souffreteuse

Aux approches du froid piquant,

Descend à terre et dit : « Voisine,

De feuilles les arbres manquant,

Je viens chez vous crier famine ;

Ouvrez-moi votre logement.

Là-haut, que faisiez-vous, la belle,

Dit la Fourmi, quand la nouvelle

Saison brillait au firmament ?

— Je spéculais, ne vous déplaise.

— Vous spéculiez ? J'en suis fort aise ;

Eh bien, travaillez maintenant ! »

LA BOURGEOISE ET SON FILS

Une Bourgeoise avait son fils dans un lycée ;

C'est là que l'on reçoit la douce panacée

Du latin et du grec, remède si certain
Pour guérir l'ignorance en qui n'est pas crétin,
Que la Revalescière et Didier-la-Moutarde
N'opérèrent jamais — sur ce que par mégarde
On laisse constiper ou gâter au buffet

De l'estomac — un plus magique effet !
Mais, par malheur, l'enfant était de ces bêtasses

Au front bas, vide, et dont les carapaces
Ont un air de croûton, de cancre si parfait,
Que, les voyant, on songe à tel ou tel préfet !

Bien plus ! N'a-t-on pas vu certain ministre

Se vanter de n'être qu'un cuistre,
Et certain autre chef de l'Université
N'être orné d'aucun grade, étant âne bâté,
Et le bât rehaussant sa personnalité !
Mais ce sont rares cas, purs coups de politique,
D'hommes vrais virements, sujets à la critique,
Ainsi que ceux de fonds de leur but détournés.
Sans grade ! Autant vaudrait, Messieurs, n'être pas nés !
« Ma chère, dit un jour la Mère à sa voisine,
Rentière bien huppée et mouche pas mal fine,

Ma chère, je ne sais que faire de mon Paul !

C'est un cerveau pesant, tout rampant sur le sol !

Sachez que de sa classe il tient, sans en démordre,

L'un des deux bouts, mais c'est l'opposé du premier !

J'en suis au désespoir ! D'en faire un bachelier,

Chansons ! C'est au-dessus d'un esprit de son ordre.

Il ne sera jamais qu'un affreux épicier,

  Bon à vendre de la mélasse ;

  Je vous le dis, c'est là sa place !

 Qu'il vive et meure au sein du chocolat !

— Ah ! gardez-vous-en bien ! repartit la commère ;

  Mais il n'est pas de pauvre hère

Qui ne parvienne un jour au baccalauréat !

  Qu'il s'adresse à la bonne enseigne,

Qu'un professeur le chauffe, et puis votre béat,

Quelque peu décrassé, n'aura plus rien qu'il craigne

  Des juges et de l'examen. »

Toute mère est crédule, et surtout si l'on prône

L'avenir de son fils ; celle-ci dit : « Amen ! »

Le programme aussitôt fut tout le long de l'aune

Suivi, l'enfant chauffé, surchauffé jusqu'au blanc,

Et bientôt en Sorbonne il s'assit sur un banc,
Composa, bégaya, dit bleu, dit vert, dit jaune,
Et fut reçu !

    Sa race encombre le palais.
Sous le rabat du juge, il est là, le niais
    Popaul ! On lui fait révérence ;
Et lui, fier de sa robe, et le code à la main,
    Sourit d'un grand air d'importance ;
Car il est sûr de faire un beau chemin.

LA POULE ET LE CANETON

Que n'avons-nous, comme la Poule,
Le privilège de couver !
D'enfants nous aurions une foule,
Et nous pourrions les élever
Tous en commun, avec égalité parfaite,
Dans un esprit doux et soumis,
Sans que des Benjamins vinssent troubler la fête
Et susciter des frères ennemis.

Rivalités qui datez du vieux monde,
Sous l'aile de la mère allez vous embrasser ;
Doux œufs, un même cœur tout brûlant vous féconde,
Un même esprit en vos sens doit passer !
Pensant à cette gent qui pond, couve et rappelle,
Ainsi, me suis-je dit, nous avons le dessous !
Nous ne comprenons pas tout le bonheur de l'aile
Qui frissonne d'amour sur des œufs déjà doux,
Et parfois nous trompons cruellement la mère
En supposant un œuf qu'elle n'a point pondu ;
Et nous rions de sa douleur amère
Quand à son espérance il n'a pas répondu !

Voyez-vous cette Poule inquiète, au rivage
Attachée, et criant en regardant les flots ?
Une main sacrilège a troublé son ouvrage,
Un canard s'est montré parmi les œufs éclos !
Loin de la foule il va, tout confiant, sur l'onde ;
Il ne se doute pas de la douleur profonde
De celle qui ne peut le suivre que des yeux,
De ce cœur maternel de son sort anxieux !

Il va, le fier Canard, — à peine il a des plumes ! —
Lutter contre les flots, se perdre en leurs écumes,
Et la Poule enfin crie : « Ah ! fils dénaturé !
C'était pour mon malheur que tu fus engendré !
Je ne te connais plus ; pour fils je te renie ! »
Mais le Canard, porté sur l'aile du génie,
Voguait vers l'inconnu par un nouveau chemin !

Que de cœurs de ma poule ont connu le chagrin !
Ainsi le sort se plaît à troubler les familles
En glissant un canard parmi nos fils, nos filles,
Et c'est pour ton bonheur, ô pauvre genre humain !
Dans le nid chaud, le soir, il n'aura plus sa place,
Lui, le hardi Colomb, qui s'aventure au loin !
Songe-t-on si son aile à naviguer se lasse,
Le Canard de génie, et s'il meurt de besoin !

LES MOUTONS

« Chien échaudé craint-il si fort l'eau froide ? »
Disais-je à mon voisin, un bourgeois fort replet.

« L'adage est bon ; sachez du reste qu'il me plaît ! »

    Me répond-il sur un ton brusque et roide.

Allons, l'homme sensé, que je vous conte un fait.

C'était un soir d'été ; de son cornet rustique

Certain bouvier tirait un air mélancolique

    Comme la nuit, et le long des coteaux

On voyait à pas lents descendre les troupeaux.

    Guillot, le roi de la bêlante espèce,

    Menait le sien assez nonchalamment,

        Quand dans un puits par maladresse

        Un vieux Bélier choit lourdement.

        Sautez, Moutons, sautez, de grâce !

        A ce trait je vous reconnais !

        N'hésitez pas, ô noble race :

        On vous repêchera, benêts !

        Le bon Guillot, sans plus attendre,

        En vérité les repêcha,

      Et le troupeau, tout mouillé de l'esclandre,

        Dans les étables se sécha.

Voyons, l'homme sensé, dont le verbe est si roide,

Vous dites que l'avis aux moutons profita ?
Non ! dans le même puits même troupeau sauta !

Que nous en connaissons de ces gens que l'eau froide
Ou brûlante jamais ne guérira de rien !
L'habitude est plus forte ! En son vieux pli de race
Plus d'un peuple, tiré vers le sentier du bien,
Retombe ! Le soleil de Quatre-vingt-neuf passe ;
Il sème le bon grain, il en emplit l'espace :
        Et cet or, nul ne le ramasse,
        Et le peuple, au joug assoupli,
Tend le cou de nouveau, reprend son ancien pli !

LA GLISSOIRE

O peuple de gouailleurs, qui dédaignes la pomme
        Et le succulent raisin
            Du voisin,
Disant : « Ils sont trop verts et bons pour un autre homme ! »
    O fins Renards, vieux matois, vieux routiers,

Dans vos fils, je le vois, vous revivez entiers.

Vos petits Roitelets de l'Aigle sauraient rire

Si par la ruse ils n'avaient eu l'empire !

Sur le dos de l'aiglon campés adroitement,

Ils parvinrent premiers, dit-on, au firmament.

Tel est le trait de notre race :

Nous ne saurions souffrir qu'un seul front nous dépasse.

Qu'Aristide soit juste et justement vanté,

D'un tel propos trop souvent répété

Du dernier cordonnier la cervelle est tôt lasse !

Voilà comme on entend chez nous l'égalité !

Mais ce principe étroit, plus d'un l'a culbuté.

Un soir d'hiver, sur certaine Glissoire,

Terreur du lent vieillard,

Glissait un Savoyard,

Mais vite, vite, à n'y pas croire.

« Voyez-vous l'Hirondelle noire,

Disaient quelques petits marmots,

Tout en cherchant à se pendre à son dos,

Comme elle franchit la vallée ! »

Et les lazzis de suivre par volée !

C'était un jeu de les saisir au vol

Et de les relancer, comme la plume vive

Du volant rebondit sur la raquette active.

Mais ils manquent la bure et roulent sur le sol !

L'intrépide glisseur fuit et rit de leur chute !

Ainsi l'égalité fait chez nous la culbute,

Lorsqu'un astre éclatant franchit les horizons :

Car il est, sachez-le, des limites injustes

Où le génie étouffe en d'étroites cloisons !

Le lit égalitaire, ô modernes Procustes,

Est funeste ; il distend ou rétrécit les bustes ;

Poinsinet devient grand, Eschyle un laid tronçon ;

Hugo, tout palpitant sous les ciseaux classiques,

Se redresse et, tonnant, menace les critiques ;

Goliath mutilé laisse au sol sa toison !

LE VIEUX GROGNARD

ET L'ENFANT

La Restauration, fleur sans racine au sol,

De ses lis tout fanés époussetait le col;

Le Goupillon prenait des airs de blanche rose,

Et la France riait de la métamorphose!

Mais quand le sabre osa se mettre du côté

Des reliques tombant du fait de vétusté,

      Ce fut une autre chose!

Chacun crut voir la Seine aller contre son cours :

En l'eau bénite Soult blanchissait ses discours!

Cependant un grognard, un Drouot de l'armée,

Ne pliait pas encor le genou ni le front

Devant ces émigrés de triste renommée,

Et, plein d'un grand rancœur, dévorait chaque affront.

Il voulut préserver de tout embéguinage

Son fils, que lui gâtait une mère peu sage,

Et, comme un jour l'enfant revenait d'un salon,

Il lui fit à dessein raconter tout au long
Ce qui s'était gravé dans sa jeune pensée.
« Ce que j'ai vu, papa, chez la sage Glossée,
Dit l'enfant, tiens, j'ai vu... faut-il dire ceci?
Sois discret! N'en dis rien à maman!... M'y voici :
  J'ai vu, paraissant de ton âge,
  Un digne et grave personnage.
  On l'encensait, on l'entourait!
Lui, mêlait du latin à son mielleux langage.
  Mais veux-tu son portrait,
  Là, trait pour trait?
  D'abord il n'a pas de moustaches;
C'est un monsieur rasé sous un long habit noir,
Et comme il prise, eh bien! son habit a des taches,
  Mais pour son âme, elle n'en peut avoir :
  Il est si bon! Sa voix douce et paterne
Va droit au cœur. Parfois son regard semble terne,
  A terre alors il le prosterne,
Et d'autres fois aussi son œil paraît luisant;
Un livre est sous son bras qu'il va souvent lisant.
  Vois-tu, papa, je parîrais sans crainte

Ma pièce de vingt sous

Que cet homme est fort doux

Et que son âme est sainte;

Et cependant maman m'a dit tout bas

Que tu ne l'aimais pas!

Maintenant j'ai tout dit, et j'ai parlé sans feinte. »

Alors le père repartit :

« Sa bénigne figure,

Son modeste maintien, son parler, son habit,

Masquent quelque noire imposture,

Mon fils! Tu la retrouveras

Sur ta route, à plus d'une hanche ,

La robe sombre, et t'y trébucheras,

Si tu n'y donnes garde, ô ma pauvre âme blanche!

Du moins, rappelle-toi

Son nom, car, dans la suite,

Tu diras, plein d'effroi :

« C'était donc un jésuite! »

LE BAUDET QUI SE CROIT FIN

Le prêtre est à l'autel, on amène l'hostie,

Une truie !

« Patron du Cynosarge, Hercule aux bras d'acier,

Entre tous dieu propice, accepte, je t'en prie,

Cette victime : elle est pour te remercier

De m'avoir conservé la vie ! »

A peine il a parlé, le païen fort pieux,

Que sous le long couteau d'un Calchas de village,

Nouvelle Iphigénie, hélas ! tendre par l'âge

Et le sexe, la laie au poil long et soyeux

Tombe ! On l'immole, on vous l'égorge,

Malgré ses cris perçants ! Mais il restait de l'orge,

Dont le Maître engraissait la victime du Dieu,

Ou, selon Phèdre, du... *saint Hercule* du lieu.

Il l'offrit à son âne, et c'était bien dommage ;

Mais l'imbécile se crut sage

En refusant :

Il avait vu le sacrifice.

Il s'en vint donc avec malice

Tout près du maître, en lui disant :

« Votre offre a mon âme touchée ;

D'orge bien volontiers je ferais ma bouchée,

      Hî-han ! hî-han !

N'était que je vois trop où mène un mets friand.

J'aime mieux de chardons quelque bonne jonchée,

      Hî-han ! hî-han !

La graisse à la santé vraiment n'est pas très-bonne,

Et la maigreur convient très bien à ma personne. »

Martin Bâton eût dû répondre à tel discours ;

Mais le païen était de ces gens qui toujours

      Avec douceur mènent les choses.

      A ce baudet prenant des poses

      Et croyant avoir fait le fin

Il repartit : « Vis donc en crève-faim !

Qui ne sait discerner d'un œil tout perspicace

Pour quelle cause, à qui, comment, à quelle fin,

    On offre l'orge ou l'avoine efficace

A donner graisse ici, mais là cette valeur

Qui pousse les coursiers à dévorer l'espace.

Celui-là n'est qu'un âne, et tu l'es, par malheur ! »

Sur ce, notre baudet, penaud, l'oreille basse,

Resta tout rêveur, oubliant

Le fier hî-han ! hî-han !

Qu'il lançait si gaillardement.

LA CENDRE ET LE CHARBON

Comme l'hiver tenait chaque être renfermé,

Tout seul, un soir, je tisonnais dans l'âtre ;

Or le grillon, dont je suis idolâtre,

Se taisant, j'entendis au Charbon enflammé

La Cendre qui disait : « Hé ! ton ardeur se lasse

A chauffer un frileux qui, sans cesse enrhumé

Et glacé, tousse et mouche, et nous crache à la face !

L'homme, crois-moi, c'est le roi des ingrats ;

Cesse de lui darder ton ardent calorique,

Et, caché dans mon sein, frère, fuis le trépas ! »

Elle a dit. Le Charbon aussitôt lui réplique :

« Depuis longtemps m'est connu ton bon cœur,
Cendrette, et ton conseil est celui d'une sœur;
    Mais pourquoi donc changer ma destinée?
        Rayonner est mon sort!
    Qu'importe si dans ma carrière ignée,
Après l'ingratitude, on rencontre la mort! »

Qui n'aime à voir agir une âme bienfaisante !
Chaque jour elle suit sa pente vers le bien ;
La ciguë, ou la croix, ou la flamme cuisante
Des bûchers, ne sauraient la détourner en rien
        De son âpre et sanglante voie.
Elle donne sa vie et la donne avec joie!
Jeanne d'Arc dans Rouen expire jeune encor
        Pour toi, patrie, ô cher trésor!
    Et vous aussi, héros, martyrs, poètes,
        Troupe sublime des prophètes,
Vous êtes ce charbon qui lance la chaleur
Aux dépens de ses jours et succombe au labeur.
Achille dut périr aux champs guerriers de Troie,
Et Gilbert à l'hospice, en sa fleur Millevoye !

LE PLAGIAT

Tout est à tous, a dit un publiciste ;
Tu n'es qu'un vol, sainte propriété ;
La terre à tous !... Le mot fut répété ;
Est-il besoin que sur ce mot j'insiste
Et reprenne à nouveau le procès du Lapin
Avec dame Belette, encline au communisme,
L'horreur ! Passe encor pour l'ancien christianisme,
    Qui s'inspirait de Platon le divin,
De prétendre appliquer si haute théorie ;
        Mais pour nous, je vous prie,
Qui sommes des pieds plats et des petits bourgeois
      Tout férus de leur bourgeoisie,
Emplissant nos esprits de bêtises de choix,
En tous points les vrais fils du sieur Joseph Prudhomme.
     Comment pourrions-nous faire, en somme,
Pour accomplir ce mot divin : *communier !*
    Sous quelle espèce ? et de quelle manière ?

Communion, Commune et Communisme, arrière!
Mais Joseph écrivain sait fort bien plagier;
Quand il voit bon tabac dans une tabatière
 Qui n'est pas sienne et qu'on vient d'oublier,
 Il s'en empare avec effronterie,
 Disant : « En ai-je ? » et : « Tu n'en auras pas!»
Il appelle cela « Petite tricherie » !
Il démarque le linge et s'endort dans des draps
Volés, en s'écriant : « Vieux communisme, à bas! »

 Un jour (on était sous l'empire),
 Dans Dijon, ville où tout respire
 L'air bon bourgeois, mais sans prétention ;
Une solennité réunissait en masse
 Les industriels sur la place
D'Armes. C'était la fin d'une exposition
 Et des grands prix la distribution.
En ces solennités un discours est de mise.
Le maire, un avocat, avec blanche chemise,
 Blanche cravate et des gants blancs,
Sur l'estrade parut. Il fit des gestes grands

Comme de Paris à Pontoise,
Tonna très fort, et la classe bourgeoise,
En entendant cet orateur,
Admirait, le trouvant vraiment à la hauteur
Du sujet. On parlait avec feu de sa gloire :
De Dupin, disait-on, il avait l'écritoire.
S'il n'eût pris que cela, passe encor !... Un journal
(Toujours de ce pelé nous est venu le mal !)
Ne découvrit-il pas, n'eut-il pas l'infamie
De montrer du discours le texte original ?
Même il eut la malice, étant feuille ennemie,
De placer en regard du texte la copie :
C'était bien du Dupin tout bonnement tronqué !
Quelle figure fit notre geai démasqué,
Voyant deux colonnes pressées,
Porter dans leurs noirs flancs deux jumelles pensées :
L'une s'élance et bat de l'aile aux cieux,
Célèbre la vapeur, les engrais, les moyeux,
Dit du progrès l'espérance flatteuse ;
Elle est superbe !... Hélas ! l'autre, boiteuse,
Demi-tronquée, agonise en ce lit

Où le nouveau Procuste en secret l'étendit !

    Il lut le tout sans changer de visage,

    Puis s'écria : « Messieurs, mais on m'outrage !

Dupin fut mon ami ; je cultive son bien.

Hé ! quoi donc ? entre amis ne se prête-t-on rien ? »

    Qu'on ait un frère, un ami, quelque idole,

    C'est au mieux ! mais lui voler sa parole,

        Mais se croire devenu dieu

    Pour avoir pris aux saints autels leur feu,

    C'est indigne ! et ce faux prêtre, ce lâche,

    Front imposteur, éhonté dans sa tâche,

    Voilà, voilà ce que tu puniras,

    Publicité, Briarée aux cent bras :

    Car si voler, c'est prendre quelque somme

Par violence ou fraude en la main d'un autre homme,

Plagier, n'est-ce pas voler une moisson,

Dérober l'épi d'or aux champs de la raison,

    Prendre à celui qui sème la parole.

Son grain, piller Pallas jusqu'en son Acropole ?

LE VIEUX BŒUF

ET LE BOUVILLON

Qui n'aime des taureaux l'allure libre et fière ?

Ce composé de force et de grandeur,

Cet œil gros de menace et cette corne altière,

De ce pelage la candeur,

Et de ce front songeur les vagues rêveries,

Ne vous ont-elles pas frappé dans les prairies ?

Pasiphaé subit ce charme tout-puissant ;

Elle sentit le taureau frémissant,

Elle conçut le Minotaure !

Europe au lever de l'aurore

Se plaisait à jouer avec un taureau blanc,

Se confiant même à son flanc :

Aussi fut-elle ravie

A son père, à sa patrie !

Que ce genre d'enlèvement

A de piquant et de charme vraiment !

Les dames d'aujourd'hui font fi de cette chose,

Et j'en sais bien la cause ;

Heureux le Dieu qui leur dirait comment

Il faut s'y prendre en telle affaire.

Si Jupin revenait, on saurait le mystère ;

Pour moi, je ne puis que me taire

Et vous conter ce petit trait.

De la corne et du front, dans un étroit passage,

Un vieux bœuf s'efforçait, quand un grand veau de lait,

Tête jeune et peu sage,

Lèvres blanches encor du pis et du laitage

Qu'à l'étable il tetait,

Et regrettait,

Prétendit lui montrer par quel adroit usage

De son corps replié l'on fanchissait ce pas ;

Le vieux bœuf se retourne, il toise jusqu'au bas

Ce conseiller, mince d'expérience,

Et dit, hochant son front tout plein de sapience :

« Savais-je point ceci quand tu n'existais pas ? »

Où tend ce dialogue?

Ne voit-on pas tout net le sens de l'apologue?

Me faut-il en tirer quelque explication

D'une morale un peu sévère?

Combien, alors dirai je, ont de prétention

Nos fils! Le moindre enfant en remontre à son père!

Ne pourrait-on par des conseils prudents

Leur éviter de fâcheux accidents?

Le Bouvillon, en son impéritie

Parlant naïvement, sous le Bœuf s'humilie;

Mais, chez nous, nous prônons les jeunes Bouvillons!

A devenir des sots, ignorant les sillons

De l'humble et sage modestie,

Nous les poussons! Aussi, grands dieux,

Ces blancs-becs osent-ils en remontrer aux vieux!

LA SANDALE ET LA COURONNE

On conte qu'un Manant eut l'audace une fois

De franchir les degrés du palais de nos rois;

Quatre-vingt-neuf allait tonner sur l'édifice.

4.

Fuyant les courtisans et leur bas artifice,

A l'écart il errait, quand il ouït deux voix.

    « Vous souvient-il, disait l'humble Sandale

A la Couronne d'or, que je suis votre sœur ?

A ce doux nom, d'amour je sens battre mon cœur !

    — O calomnie, ô mensonge, ô scandale !

Aussitôt répliquait la Couronne en fureur :

    Moi, sœur de celle que la dalle

Glace, souille, déchire, et qui ne peut venir

A bout de s'élever d'une seule coudée !

Chaussure abjecte, quoi ! prétendre appartenir

A ma noble race ! Eh ! l'impertinente idée !

Folle, restez en bas, dans la fange, à mon pié,

Et ne vous targuez plus d'attirer ma pitié,

    Loin d'avoir part à ma haute amitié ! »

Mais la Sandale : « Sœur, tu brilles, je travaille !

A moi fange et cailloux ; seule à toi le ciel bleu !

Pour tant de dévoûment je ne réclame, ô Dieu,

Qu'une voix sympathique, et la tienne me raille ! »

Classe pauvre, asservie au pénible labeur,

Telles étaient alors tes tristes destinées !
Pour des ingrats coulait ton fleuve de sueur.
Magistrature en robe et classes fortunées,
Le Clergé, la Noblesse, en personnes bien nées,
        N'avaient pour toi que dédains et hauteurs ;
Mais toi, tu les aimais, et les nommas tes sœurs
Jusqu'au jour où, trop plein d'une juste colère,
Ton grand cœur, éclatant, mit le trône par terre,
Et fit comprendre enfin à ces fronts insolents
Que la justice vient, bien que ses pas soient lents !

L'AME ET LA CHAIR

Dans sa prison de chair l'Ame était en sanglots :
        « Hélas ! hélas ! s'écriait-elle,
Quand pourrai-je briser l'enveloppe mortelle
Qui retient mon essor ? » Mais la Chair, à ces mots :
« Pauvre sotte, cessez votre complainte amère ;
        Eh ! qu'êtes-vous ? Un vent ! un souffle ! un rien !
Et moi, je vous contiens et vous nourris, ma chère. »

L'Ame dit : « Frappe, ô sœur, puis écoute-moi bien :
Il est en d'autres lieux une demeure auguste,
Et c'est là que j'irai m'unir avec le juste.
Ton triomphe est d'un jour, éternel est le mien ! »

Dans ce monde, enserré par la matière brute,
Que de soufflets reçoit l'Idéal en chemin !
Thémistocle, Aristide, ont senti dans la lutte
Du Spartiate en eux frapper la lourde main !

LE MERLE ET LES HIBOUX

Le nez fut-il créé pour porter des lunettes ?
Voltaire l'ironique a soutenu ce point
    Pour se moquer de ces grosses chouettes
    D'Allemands lourds, qui ne tarissaient point
Sur la Cause finale et la Raison Suprême.
« Je suis un imbécile, a-t-il écrit lui-même,
Un Cause-finalier si jamais il en fut ;
Mais je ne prétends pas savoir de tout le but,

Et m'en tiens prudemment aux preuves de Socrate,
Où l'évidence éclate.
Je dis que l'œil est fait pour voir,
Que nulle part il n'est un plus parfait miroir ;
Que pour entendre on a l'oreille délicate,
Et l'estomac pour digérer ;
Que nul doute ne peut durer,
Voyant une vivante horloge,
Sur son auteur, le divin horloger,
Et sur l'esprit qui l'anime et s'y loge. »
Hibou, le gros pédant, lourd comme un pont-levis,
Sous sa toque argumente et casse cet avis ;
Ses frères en lourdeur approuvent sa sentence.
Ah ! mon pauvre Voltaire, on t'accab'e. on te tance,
Et d'importance,
Par ordre du doyen de messieurs les Hiboux !
Comme le docte aréopage
Rit de toi, grand rieur, en son épais langage !
Ton nom sortait sali de leurs gros cous,
Quand par bonheur tout au bord de leurs trous
Un Merle se trouva méditant la vengeance :

Il donne du sifflet sur toute cette engeance,

Qui fuit, croyant te voir sous cet aspect trompeur.

Une jeune Chouette en trépassa de peur !

Ce coup de sifflet est l'image

De la Raison et du bon Sens ;

De plus d'un misologue, auguste personnage,

Il a souvent glacé les sens.

Que de fois de Voltaire on médit en famille !

Que de fois de petits esprits

En l'absence des grands font un feu qui pétille

De traits méchants contre leurs beaux écrits !

Mais le géant paraît, et Lilliput s'efface :

C'est le coup de sifflet qui remet tout en place.

LA BOUTIQUE FERMÉE [1]

Théodore sortait du temple de Pallas ;
Les différents Sextus dans les différents mondes
Par lui vus d'un coup d'œil, grâce aux bontés profondes
De ce fier rejeton du Dieu dont les éclats
Ébranlent l'Univers, et qui sait à Dodone
Remuer doucement le feuillage incertain
Et rendre à ce doux bruit les arrêts du Destin,
    Les divers Sextus en personne
Passaient et repassaient, dis-je, dans ses esprits.
Lui, prêtre Théodore, alors de doute est pris
    Sur la valeur de son saint ministère,
Et, rentré dans le bois plein d'ombre et de mystère,
Il ne peut plus fléchir le genou ni le front
    Devant l'Être inflexible,
    Ce Jupiter à l'œil profond,

---

1. Je donne ici la vraie conclusion de l'*Apologue de Sextus* qu'on lit à la fin des *Essais de Théodicée* de Leibniz.

Mais dont le cœur est un marbre insensible.

Un jour il a régné, depuis il n'est plus roi ;

Libre hier, maintenant esclave, il suit la loi !

    « O des mortels vaines prières,

      Pourquoi vous répandre en ce lieu,

      Et pourquoi vous offrir au Dieu,

Dons, qui ne pouvez rien pour nos brèves carrières?

      Dit Théodore. Il m'en coûte beaucoup

    De perdre un poste où je vivais sans peine,

      Interprétant la voix du chêne,

Mangeant de gras moutons sans redouter le loup !

Mais quoi! j'entretiendrais encor l'erreur publique?

    Le dieu m'a dessillé les yeux,

Me montrant le Destin seul roi de tous les cieux !

Je suis un honnête homme, et je ferme boutique. »

« Rien n'émeut Jupiter, pleurs ni dévotion ;

Mortels, voilà le vrai ! » Telle est l'inscription

Qui du temple longtemps se lut sur le portique.

Et qui donc l'effaça? — La superstition !

*
* *

Sur ce grave penser je termine ce livre :

L'homme est un grand enfant qui sans cesse se livre

A celui qui l'appâte avec un peu de miel,

Et lui promet la lune, ou bien, mieux, l'arc-en-ciel !

C'est un être étonnant, tantôt fier, tantôt morne,

Et dans ses jours bornés ses désirs sont sans borne !

L'Église connaît bien son faible naturel ;

Elle lui met au front comme un lange éternel ;

Elle en fait une chose à sa main façonnée ;

Elle tient au maillot son âme à peine née !

De la femme elle a fait un objet sans atour,

Gémissante colombe aux pieds d'un Dieu d'amour !

LIVRE II

De l'apologue ancien rajeunissant les mythes,

Je relève l'autel des dogmes émérites,

Dogmes de poésie et de haute raison.

Je veux la vérité, mais belle à l'horizon,

Demi-voilée avec un sourire de femme,

Enivrement des sens et frais parfums de l'âme !

Je suis en amoureux ses pas sous l'oranger.

Elle est grecque, la Fable, elle aime à s'ombrager !

Sous son péplum on sent qu'un cœur bat ! Tout émue,

Elle chante ses vers, et la Vérité nue

N'a plus qu'à se cacher dans son puits des Vertus,

Qui jamais n'attira que quelques vieux barbus.

La Fable a donc du bon quoi qu'en aient dit nos sages ;

Et, pour vrai, je la crois plus propre à nos usages

Qu'on ne veut l'avouer en de certains milieux :
Elle fit autrefois la fortune des dieux !

Mais, sans plus discuter sur ces hautes données,
Je vois encor qu'elle a de belles destinées ;
Avec elle je suis la pente au doux songer ;
Trouvant en la matière un sens à dégager,
Je me livre au courant qui m'entraîne vers elle,
Et sur cet océan je lance ma nacelle.
Sans peur j'y vogue, car la boussole à mon bord
M'indique le chemin et me ramène au port :
C'est la morale ! Il faut qu'au fond de mes pensées,
Sous les flots murmurants des rimes cadencées,
Son sillage apparaisse et donne un doux espoir,
Comme ces fleurs, livrant leurs parfums au rivage,
Présageaient à Colomb la fin de son voyage :
Un monde découvert avant qu'on pût le voir !

LES MOUCHES A MIEL

Comme l'espoir, la jeunesse a des ailes ;

Aussi dans les beaux jours tout vêt

Un je ne sais quoi fait de toutes choses frêles :

L'arbre montre sa feuille, et le nid son duvet !

Chacun vers le ciel bleu veut prendre sa volée ;

L'aile règne et remplit de son bruit la vallée ;

La fleur dans son calice abrite maint bourdon ;

Tout s'ouvre et fraternise au soleil ! A sa vie

Tout s'agite, aime et rit ! Dans son divin rayon

Tout se réconcilie,

S'embrasse et communie !

Nature, que je t'aime en ce doux abandon !

Voyez-vous par les airs cet épais escadron ?

C'est un essaim d'abeilles vagabondes.

En quête d'une ruche il vole, et, vers le soir,

Il s'abat sur un mur lézardé, jaune et noir.

On touchait à la fin du printemps. Toutes blondes,

Les moissons souriaient à leur dernier soleil;

La grange allait s'emplir d'un grain au miel pareil,

Et l'abeille, sans doute, y crut voir une ruche

Avec son toit de paille et sa crevasse au flanc.

Le peloton s'y forme, aérienne embûche

Pour l'habitant du chaume. A son toit d'un front lent

Il regarde, et soudain son âme est réjouie :

« C'est un présent de Dieu qui lui tombe du ciel!

Sa table enfin aura quelques gâteaux de miel! »

Déjà l'essaim pour lui butine en la prairie;

Et, comptant sans son hôte, il prend son chalumeau

Pour attirer au sol le bourdonnant troupeau.

De quels doux airs il emplit la vallée!

Sur l'avoine il retient une note tremblée,

Puis l'enfle, et puis la file en un temps redoublé!

Mais dans le ciel le peuple ailé

Reste! Ainsi donc l'abeille,

Ce ventre industrieux, ce miel, manque d'oreille!

Bourdonnante, elle adhère au vieux mur ébréché,

Et notre villageois se sent fort empêché;

Sa douleur en ce cas est facile à comprendre!

Enfin il rentre et, sur le seuil penché,

Il jette encore un regard humble et tendre

Vers la fortune et l'invite à descendre.

Sur ce, vient à passer une troupe d'enfants ;

L'essaim est entendu sans peine :

A son bourdon mille cris triomphants

Sont poussés d'une seule haleine.

Bientôt s'y mêle un bruit de poêlons,

De timbales et de chaudrons

A rompre l'ouïe aux plus dures oreilles...

Vers la terre aussitôt descendent les Abeilles !

Avocats, orateurs, faites les charlatans,

Philippe est roi ! Nous autres, nous ne sommes

Que des moutons tondus dans tous les temps,

Et vous, ces beaux diseurs, ces creveurs de tympans,

Sachant qu'on prend au bruit les mouches et les hommes.

LE COQ ET LES POULES

Un beau Coq adoré de toute la gent poule,
(Ah! n'est pas coq, et coq choyé, qui veut!)
Vrai Coq major, ergots brillants et foule
De plumes d'or que meut
Le vent, puis les ébats de la bête adorée,
Tout fier, se promenait d'une marche assurée
Deçà, delà, trônant sur les fumiers.
Ses sultanes suivaient satisfaites et belles,
Confiantes en lui, qui se défiait d'elles,
Quand de grands cris partent des poulaillers.
« C'est le renard! Il ne faut pas nous rendre!
Autour de notre Coq rangeons-nous; tenons bien! »
Ainsi parle la troupe, et déjà ce n'est rien.
On le sait, ce n'est qu'un esclandre,
Un simple chat fuyant relancé par un chien;
Mais notre Coq, plus poltron et plus lâche
Que l'homme en pleine paix qui vous fait le bravache

Et ne sait que trembler dès qu'il entend le son
                    Du canon,
Notre Coq avait fui!... La peur lui passa vite,
Et les Poules d'abord ayant fait quelques cris
A l'approche du chat, le fier sultan évite
                    Les reproches, les ris,
        En s'emportant et criant : « Sur mon âme!
            Piailler ainsi, mais c'est infâme!
Vous n'avez que du bec et de criardes voix!
A vous donner du cœur en vain je m'évertue;
Il faut que vous sentiez mes ongles cette fois! »
Et sur la gent paisible il se jette, il se rue,
Et la pauvre volaille est déplumée au vent!

Ah! nous vous connaissons, chapeaux, plumets, panaches,
Superbes ornements de généraux ganaches!
France, c'est toi la poule, et plus d'un coq te vend!

LES RATS COALISÉS

D'où vient que le bon La Fontaine
Aux belettes, aux rats concède le domaine
Des champs où l'on se bat en grand,
Des vastes régions où la lutte par masse
S'entasse,
Où coulent des ruisseaux de sang ?
Aujourd'hui, comme alors, ce thème
Reste à l'état de pur problème ;
Les fils des rats prennent le rang,
Et, fiers de leurs aïeux, ils s'égorgent de même.

Proche parent du Ratapon vaincu
Dont notre fabuliste a conté la défaite,
Sire Rataponnet, dit tzar, avait conçu,
En ces temps-là, de renverser du faîte
Un guerrier couronné contre le droit, la foi,
Qui chez la gent belette alors faisaient la loi.

C'était un empereur, mais non de Germanie,

N'étant ni lourd d'esprit, ni pesant cuirassier ;

Du sang romain coulait dans ses veines d'acier,

Et d'une île sortait ce guerrier de génie,

Dont le sabre taillait, découpait, retranchait

Et ceci. puis cela, de la croupe ennemie,

Tellement qu'à la fin à peine un rat marchait

Ayant queue en longueur seulement de deux pouces !

Tous clochaient, tous traînaient quelques membres perclus !

Ils avaient éprouvé de si rudes secousses

Parmi tant de combats ! Puis, les traités conclus

A peine leur laissaient une patte de libre !

Mais le cœur leur restait. Là, quelque chose vibre

Quand même et malgré tout, fût-on Russe ou brigand !

On se coalisa, puis on lança le gant.

    Le ramasser fut la sottise

De la Belette, qui, s'en allant à grands pas

Vers le Nord, s'avançait de surprise en surprise :

    Tout brûlait ! Mais on ne soupçonnait pas

Ce que le désespoir peut faire en pareil cas.

    Ratopolis, la capitale même,

Ratopolis subit par un effort suprême

Le sort commun à ses sœurs les cités :

La flamme dévora ses palais, ses beautés !

Mais en voici d'une autre ! A la chaleur torride

Succède le froid homicide

De ces climats déshérités !

A tous ces maux ajoutez la disette

Et jugez du désastre affreux de la Belette :

De sa splendide armée il ne restait plus rien !

O patrie ! ô souverain bien !

On allait donc te perdre après cette déroute !

Les rats coalisés s'avancent sur ta route ;

Ils vont attaquer le séjour

Des arts, du rire et de l'amour !

Un reste de vertu s'allume au fond des âmes ;

La Belette a comme des flammes

Vives dans ses farouches yeux :

Des combats les derniers sont les plus glor'eux.

Montmirail, Champaubert, gloire de nos aïeux,

Rejoignez Wattignie, où Carnot en personne

Culbuta l'Autrichien ! Fatale l'heure sonne,

Malgré tant de héros, malgré tant de succès,

Pour la Belette prise entre cent mille épées,

Que je pourrais doubler sans craindre nul excès.

Sous le nombre elle plie, et de nos épopées

Le cycle grandiose est fermé ! Le Destin

Fait tenir en une île, un Yvetot lointain,

Le débris surnageant de la grande aventure

Qu'à peine hier pouvait contenir la Nature !

On a dit que la France avait les bras lassés ;

Oui, de vaincre peut-être ! On ajoutait qu'en somme,

      Après tant de succès passés,

Elle eût eu de la peine à fournir un seul homme ;

Oui, les têtes manquaient ; mais ils ne manquaient pas,

      Les fusils, les cœurs et les bras.

La tête fit défaut, et c'est là le grand crime

Du pouvoir absolu, cet antique régime

      Remis à neuf par l'empire guerrier.

      Un nom devait tout étayer,

Et, quand ce nom croulait, l'œuvre allait à l'abîme !

LES RATS D'EAU

Pour avoir trop donné la patte,

Dans Coblentz comme à Gand, à la gent scélérate

De ces Messieurs les rats coalisés,

Que de belettes émigrées,

Malgré leurs longs museaux, leurs mille simagrées,

Devinrent rats, de tous, rats des plus méprisés !

Rentrés dans leurs châteaux, à ce que dit l'histoire,

Ils usèrent Dieu sait de leur triste victoire !

Leurs ennemis vaincus, lâchement poursuivis,

Contre la foi jurée, hélas, furent ravis !

Tous tombèrent, drapés dans leurs manteaux de gloire,

Les Murat, les Ramel, et les Brune, et les Ney,

Et les Labédoyère !... On enferma Moncey

Dans Ham pour avoir dit : « Assez ! Roi, prenez garde ! »
Lavalette échappa ; Nîmes tua Lagarde !

Des bandes d'assassins coururent le Midi,

Et chaque malfaiteur était fort applaudi !

On contint Avignon, Uzès, à grandes peines :

Ces villes ont du sang de pape dans les veines.

Ainsi, quand l'étranger redoublait ses affronts,

Les belettes, ses sœurs, frappaient les plus hauts fronts.

Mourir, ce fut un bien! O lumière ravie,

Qu'auraient fait des héros de ce reste de vie!

Vois-les, de leurs lauriers tout pliés sous le poids,

Traîner des jours obscurs et mourir en bourgeois!

Finir ainsi? Comment! c'eût été ridicule!

Il faut un piédestal pour lit à tout Hercule;

Tout héros sait trouver un Œta, un bûcher;

Prométhée est cloué sanglant sur un rocher!

Que ce lugubre est grand et tient l'âme attachée!

　　　Mais revenons à l'émigré fêtant

Son retour glorieux, la tête empanachée

D'une blanche cocarde et d'un ruban flottant

　　　　　　Tout blanc!

Il riait, quand il vit sa main de sang tachée!

Cette vue a troublé l'âme du scélérat,

Qui gagne une onde pure et s'y lave. — Ce rat

Que nous voyons rôdant au bord de nos rivières,

C'est l'assassin obscur de nos Labédoyères :

On le nomme rat d'eau. L'honnête rat des champs,

Ainsi que son cousin le hautain rat de ville,

Méprisent cette espèce vile

Qui vit seule, à l'écart : c'est le sort des méchants !

C'est ainsi qu'au bord d'une eau pure,

La ligne en main, et rêveur par nature,

Sous mes yeux, comme allait et venait un rat-d'eau,

Du passé se dressait le lugubre tableau.

LE FOUR

Près d'un four frais construit, un beau jour de vacances,

(Et quel jeudi n'est beau vraiment

Quand on est écolier, quitte de remontrances,

Et qu'on agit tout librement !)

Donc près du nouveau four on s'amuse, on s'exerce.

Se poussant, se fuyant, selon que les disperse

Ou les unit la loi du jeu,

Nos jeunes écoliers bientôt sont tout en feu.

Enfin, las, on s'assit; mais la vieille fournière

Survint, disant qu'elle allait cuire afin

D'étrenner son grand four. La pâte d'un gros pain,

Enfant d'un énorme levain,

Était prête. Il faudrait une soirée entière

Pour cuire un tel enfant! Et du bois! non, jamais

Four autant n'en mangea de Marseille à Calais!

« Le malheur, mes enfants, c'est que le bois est rare,

Et qu'on n'en peut avoir qu'avec beaucoup de frais! »

La bande des gamins, à ce propos bizarre

De gros pain, de grand four, ouvre de larges yeux.

Tout cela lui paraît du plus beau merveilleux;

Aussi se lève t-elle, oubliant la fatigue,

Et par les champs la voit-on qui prodigue

Sa peine en se hâtant de ramasser du bois.

Un tas énorme est fait; tout est mis à la fois

Dans le grand four; tout flambe! A peine usée

On retire la braise, et la pâte est posée

Sur le lieu du brasier; puis on ferme le trou,

Large bouche par où

Toute pâte pétrie à la cuisson se jette.

Mais le grand four avait une fente secrète
Qui laissait son ardeur s'exhaler dans le vent,
Et la pâte y resta pâte comme devant.

    Voyant que rien n'y voulait cuire,
    La vieille, un jour, le fit détruire.

Ce four où rien ne cuit, c'est tel ou tel auteur,
Volcan chauffant toujours la pâte en son cratère;
Liquide, il la répand, et d'une pesanteur!
Diderot, pour ce pain léger nommé Voltaire,
Était de ces fours-là : compliment peu flatteur!
Pour Jean-Jacque, il avait le sien clos, solitaire,
Cuisant un pain brûlant, fait d'une pâte austère,
Qui vous met dans le cœur un désir incessant
D'être pur et d'agir comme une âme féconde.
Qui mange de ce pain devient fort et puissant;
Il porte le front haut devant les grands du monde,
La mâle Liberté dans sa poitrine gronde.

LE LIÈVRE ET LE LION

Le Lièvre aux pieds légers dit un jour au Lion :
« Je veux vous imiter en toute occasion,
Surmonter les dangers à force de courage,
Car je suis un poltron, et, depuis mon bas âge,
Comme une feuille au vent je ne fais que trembler !
— Erreur, dit le Lion, je sais votre vaillance,
Et vous l'avez acquise en me voyant aller
L'autre jour par les champs. Je fuyais ! En silence
Une troupe de gens dans les bois se cachait,

     Et, soupçonnant là quelque piège ,
Je gagnais le désert dont l'âme me protège ! »
Léporin vainement en sa tête cherchait
     Le sens des mots que venait de lui dire
       Le haut et noble Sire :
      De lui sans doute il voulait rire.
    Aussi fort grand était son embarras,
Quand un chasseur paraît le fusil sur le bras.

Le Lion, calme, attend, essuie une décharge ;
Mais notre Lièvre a soin de se donner du large
    Jusqu'au moment où l'homme tombe à bas.
Tandis que le vainqueur se fait des parts multiples,
    Lui murmurait, se tenant à l'écart :
« Où donc est le courage à faire courses triples? »
    On l'éclaira ; la science vient tard.

Conseillers, qui voulez qu'on imite dans l'art,
Qui vantez les leçons de maîtres à disciples,
Songez-y, bien souvent l'élève à son insu
De vos talents ne prend que le laid, le bossu !
Je veux faire l'Achille, il faut donc que je coure ;
Mais voici que mon cœur fuit par mes pieds déliés !
Si le héros grec eut deux sortes de bravoure,
Moi, je n'aurai donc que... la bravoure des piés !

LA MASSUE D'HERCULE

A M. Neuville, professeur de droit.

Montesquieu, dites-vous, est un esprit profond,

    Malgré ses préfaces candides

    Aux Muses, Nymphes Piérides,

Saints objets bien fripés, bons pour un vieux plafond

Où l'on voit des brebis et des pasteurs fidèles

Invoquant Apollon et célébrant leurs belles.

Détrompez-vous, Monsieur; ses préfaces au fond

    Sont, selon moi, vraiment spirituelles.

Nous n'avons plus cet art de plaire aux Immortelles,

Ainsi que le faisaient les esprits d'autrefois,

    Témoin l'auteur du vaste *Esprit des Lois*,

Et nous n'invoquons plus ni Grâces, ni Déesses :

Le style avec l'esprit perd ses délicatesses !

Mais ce qui me plaît moins chez notre Montesquieu,

C'est qu'il accorde trop aux effets du milieu,

Du climat, de la race, et qu'il mêle l'histoire

A la légende, en paraissant y croire.

Il parle gravement des premiers rois romains,

Qui ne furent jamais rois que dans Tite-Live,

Puis, pour des riens, il prend sa logique à deux mains

Et frappe !.. Mais voici d’une langue naïve

La Fable qui nous dit ces travers tout humains.

« Que vous me semblez ridicule !

Dit un jour un voyageur

A certain géant qui d’Hercule

Brandissait le bois vengeur.

Jetez-moi là votre massue

Et d’un frêle roseau

Armez vos mains, géant, mon beau !

De l’être à l’arme qui le tue

(Et certe en ces petits cantons

Vous assommez des Myrmidons !)

La raison veut une honnête mesure,

Quelque proportion entre l’homme et l’armure. »

Il parlait encor que soudain,

Tout en courroux, de son bras énergique

Le géant le menace et brandit son gourdin ;
Mais l'autre plaisamment fuit en faisant la nique

Cerveau profond, grave écrivain,
Pamphile foudroyait des feux de sa logique
Gros-Jean, esprit que Dieu perclut ;
Quelqu'un lui dit : « Eh, quoi ! pour tuer un Pygmée,
Pour prouver qu'à Wagram telle arme prévalut,
D'une massue, ami, votre main s'est armée ? »

LE RÉTIAIRE ET LE GLADIATEUR

Lorsqu'en tes rets, Dieu de la forge,
Tu pris certains ciseaux charmants,
Leur tordis-tu, dis-moi, la gorge,
N'ayant pitié des deux amants ?
Voici que dans le cirque, invoquant ton adresse,
S'avance un Rétiaire agile, astucieux ;
Il se balance avec souplesse
Et d'un œil curieux,

Attaché sur son adversersaire

Il suit ses mouvements et cherche à le distraire

Par un jeu tout capricieux ;

Et, quand le franc lutteur croit l'instant favorable

De frapper, le voici qui roule sur le sable,

Abandonnant le fer qui dans sa main brillait ;

Il semble un poisson pris aux mailles d'un filet.

Un sophiste applaudit l'habile Rétiaire :

Ne suit-il pas même carrière ?

LA RÉPONSE DU RENARD

Un Lion rugissant qui parle de la paix,

Maint imbécile qui l'écoute ;

C'est un plaisant tableau, rappelant sans nul doute

La salle des États chez le peuple français

Quand le Souverain vient y chercher un succès ;

Et cependant c'est près de Bone

Qu'on entendit un jour cette exclamation :

« Quel sens profond dans le discours du trône !
Qu'il est humain, et beau ! C'est comme un divin prône ! »
Ainsi parlaient entre eux, après audition,
Les animaux groupés aux pieds du roi Lion :
Car il est au désert, comme aux bords de la Seine,

        De la Sprée et de la Néva,

        Des rois accouchant sans grand'peine

        De ces beaux discours-là !

        Et, faut-il que je le dise?

        C'est aux abords de la Tamise

Qu'est né ce genre assurément anglais
Et parlementariste à la plus haute dose ;
Aussi l'a-t-on classé parmi les genres laids !

    Le Lion donc s'étendit sur la paix,
En couvrant de son mieux les écarts de sa prose,
Où la langue saignait sous la griffe parfois,
Et voilant les éclats de sa terrible voix.
    Mais la séance était à peine close
Que le Renard s'enfuit, regagnant les grands bois,
Et l'Ane le suivait, lui criant : « Quelle cause,

Ami, vous fait tout soudain décamper,

Lorsque son auguste parole

Vient d'affirmer tout haut cette paix qui console,

Douce paix, dont le cœur chez les mères s'affole?

Le peuple aussi, joyeux, va s'occuper

D'illuminer la royale retraite ;

Qu'au moins votre devoir près du roi vous arrête !

— J'ai vu que le Lion n'avait rien à souper,

Repartit le Renard en poursuivant sa traite ;

Près de lui la Lionne et maints grands Lionceaux

Nous montraient en riant leurs dents encore rouges ;

On se prépare, ami, dans les augustes bouges,

Pour fêter le discours, à nous mettre en morceaux ! »

Espérer du Lion une paix qui soit sûre,

O Peuple, et s'y fier quand c'est lui qui l'assure,

Autant croire vraiment au discours de Bordeaux [1] !

---

[1] On se souvient sans doute encore de ce fameux discours prononcé à Bordeaux par Napoléon III. On y lisait ces paroles, à l'adresse des gobe-mouches de tous les temps et de tous les pays : « L'Empire, c'est la paix ! » Quelle ironie ! et dans quelle bouche !

LE LOUP ET L'AGNEAU

A M. Gustave Merlet[1]

Vous envoyer ma carte sèche et nue,

Je ne saurais ; qu'elle soit bienvenue

Avec ces quelques vers

Pris à la Comédie à cent actes divers.

« L'espoir de l'heure vengeresse »,

Dont vous parlez avec un ton vainqueur,

M'est allé droit au cœur ;

Aussi j'attise en moi sans cesse

Cette colère qui vous presse ;

Je ne vis que pour voir réussir le grand coup !

Au fond des bois, tout triomphant, le Loup

---

1. M. Merlet, l'auteur des *Origines de la littérature française*, est trop connu pour qu'on ait à le louer ici ; il suffira de signaler au lecteur la page 447 du deuxième volume des *Origines*, où la ballade du vieux poète français *Pierre Vachot* est commentée d'une plume qui annonce un grand cœur, un vrai patriote. C'est cette page qui a inspiré la fable du Loup et de l'Agneau.

Traînait, dit le conteur, sa tremblante victime,

Hurlant : « La force *prime* tout ! »

« Non, dit l'Agneau, la force *opprime!* »

Alors d'un rire étrange a ri le Loup sanglant ;

Il se sentait atteint par un Agneau bêlant ;

On le vit hésiter à perpétrer son crime.

Ah ! si l'ombre d'un chien, représentant du droit,

O Loup, se fût alors sur le bois projetée,

L'histoire n'aurait pas à te montrer au doigt,

La France ne serait nulle part amputée !

Mais ce chien, qui ne fut qu'un égoïste froid,

Et nullement un chien de Neuve-Terre,

Quel est-il? Voyez-le, là-bas, en Angleterre.

LE HÉRISSON ET LE LIMAÇON

Un hérisson, rôdeur nocturne

Et taciturne

Des clos, des buissons et des bois,

Allait en promenade,

Étant malade

Et bien repu tout à la fois ;

Son médecin, dame Nature,

Lui conseillait ce traitement.

Dans cet état, voyons comment,

Si d'aventure

Le hasard jette en son chemin

Quelque butin,

S'en tirera la pauvre bête.

Les deux cornes en tête,

Tout juste une proie à l'instant

S'offre, et sur un ton tremblotant

Modulant sa requête :

« O Hérisson ! ô seigneur Hérisson !

De grâce accordez-moi la vie, »

Lui dit un Limaçon.

De le croquer Dieu sait s'il eut envie !

Mais, sa faim étant assouvie,

L'animal hérissé

Lui dit : « Ami, toute guerre a cessé

Entre tes frères et nous ; quitte
Une vaine frayeur, injurieux soupçon ;
Je vis en dévot ermite
Du buisson ! »
Le lendemain, à pareille heure,
Le ventre à jeun, tu quittais ta demeure,
Et tu gobais le limaçon,
O hérisson, ô hérisson !

Chaque animal sur cette terre
A quelque part un ennemi ;
Quand d'aventure il fait trêve de guerre,
C'est que son ventre plein le conseille en ami.
Ne croyez pas alors à ses bonnes paroles !
Si l'amant à l'amante adresse barcarolles
Et doux soupirs, c'est pour cacher son jeu :
A jeun, belle, l'ami vous croquera sous peu.

LA RAQUETTE

C'était jour d'audience, et les causes, plaidées
    Non sans éclat, étant toutes vidées,
On quittait le palais. Condamnés et vainqueurs,
    Curieux, gens de robe et d'autre sorte,
Se retiraient, heureux de humer à la porte
    Un peu d'air pur rafraîchissant les cœurs.
La plupart s'attardaient à regarder l'adresse
    De deux enfants qui, la raquette en main,
    Faisaient aller par le vaste chemin
Des airs le blanc volant avec grande vitesse.
    C'était plaisir de les voir relancer
      La légère balle de liège
      Ayant des plumes pour cortège !
Nos lutteurs à la fin parurent se lasser ;
      Le jeu cesse, et la foule
        Lente s'écoule
     Avec un sourd bourdonnement.

Un plaideur, un vaincu, restait en ce moment
        Sur la place déserte,
Songeant à son procès ; enfin il s'en alla
Parlant entre ses dents en une langue verte.
C'est qu'il venait de voir assis non loin de là
Son avocat avec celui de l'adversaire,
    Qui tout à l'heure entre eux s'étaient lancé
Quolibets et gros mots, tout un vocabulaire
En usage chez eux, avec l'air courroucé,
Et qui là, maintenant, dans un gai tête-à-tête,
Au lieu de faire aller le volant des gros mots
        Sur la raquette,
    Se souriaient, se faisaient fête ;
Aux dépens du client, vrai mouton, bonne bête,
Ils s'offraient de bon vin, ils mangeaient de bons rôts !

    Ah ! gens de robe, et vous, nos politiques,
        Vous vivez aux dépens des sots !
        Sur votre raquette à répliques
Bondit le mot sonore, et de ce jeu parlant
C'est le peuple qui paye et joueurs et volant !

LES DEUX PAPILLONS

Un rêveur, sans penser à mal,

Prit un jour ce vif animal,

Ailé, poudré, paré de couleurs fort voyantes,

Dont le vol fait songer aux feuilles tournoyantes

Lorsqu'un grand vent les porte vers les cieux,

Insecte léger, qui, sans bruit, mystérieux,

Vole, va, vient et papillonne.

Or, tandis qu'il le tient, lui, fils de l'Hélicon,

Il le traite de frère, et l'autre en son jargon

Trouve la parenté très bonne,

Et réclame sa liberté

Au nom de la fraternité :

Celui-ci la lui donne.

Quelqu'un passant alors lui dit : « Y pensez-vous,

Poète? relâcher un animal nuisible!

— Mais, c'est un papillon! dit le rêveur sensible;

Nous sommes frères! — C'est possible,

Repartit le passant; mais il pond dans les choux
    Des myriades de chenilles!
Vous, je le sais, parfois vous faites des chevilles;
Mais vous pondez des vers qui font plus d'un jaloux! »

    Sous mêmes noms nous mêlons bien des choses
Qui se touchent à peine et par un seul côté;
    Nous brouillons tout! Nous qualifions roses
Des fleurs blanches! Ce chaos plaît à l'humanité.

LE PEINTRE ET LA FOULE

Cimabué peignait. Son talent, jeune encore,
    Était à son aurore;
Il n'avait rien produit en fait de grand tableau :
Le doute se glissait au bout de son pinceau.
Mais cependant un jour, jour de puissante extase,
Il sentit du génie en lui l'aile frémir,
Et, son pinceau courant du sommet à la base
De la toile, on le vit, sans crainte, sans blêmir,

Créer une œuvre immense.

« Ici la critique commence,

Dit-il ; l'œil d'autrui doit, non plus l'œil paternel,

Promener son regard sévère

Sur mon tableau ; lui seul d'un jugement sincère

Dira si l'œuvre enferme un rayon éternel,

Ou s'il n'a qu'un reflet de l'art froid de Byzance,

Ancien vin généreux, mais fort en décadence,

Art où respire trop le conventionnel. »

Il dit, et va poser sur la place publique

Sa grande œuvre, tout contre une vieille boutique

Où lui-même se tient, masqué par le tableau.

Son oreille, attentive aux traits de la critique,

Note anxieusement tout ce qui n'est point beau.

D'abord, à gauche, un fond de paysage,

Tout chargé de noires couleurs,

Paraît aux yeux des premiers visiteurs

Offrir un trop sombre feuillage,

Tandis qu'à droite, inondé de clarté,

Le vert d'une pelouse est d'un beau velouté.

A ces propos l'artiste a des transes cruelles ;

Mais d'autres visiteurs, survenant, trouvent belles

Ces feuilles, ce mystère ombreux au fond des bois,

Et critiquent à droite et d'unanimes voix

La pelouse trop molle et trop fade ; à leurs dires,

C'est plat d'épinards purs !... En entendant leurs rires,

L'artiste entre en sueur, il juge tout mauvais

    Dans sa toile ainsi critiquée ;

    Du désespoir il ressent les accès ;

    Il veut crever cette toile huée,

    Et ses pinceaux, les jeter au fumier.

« Qu'allez-vous faire, ô dieux ! lui dit le boutiquier.

Ne remarquez-vous point que votre œuvre est parfaite ?

Ce que blâment les uns, les autres y font fête ;

    Ainsi la foule, en se contredisant,

    Absout votre œuvre en toutes ses parties :

Votre bois est ombreux, son feuillage est luisant,

    Et la nappe de vos prairies

Offre un vert vif et doux où le ciel resplendit.

Voilà ce qu'à mon sens la critique vous dit

En louant tour à tour un côté de la toile ;

    Bref, en votre œuvre tout est bien.

J'en donne mille écus. — Ah! prenez-la pour rien,
Dit l'artiste touché : vous êtes mon étoile !
Grâce à vous, je comprends le fond du cœur humain :
Il mêle à sa louange un peu de son venin. »

LES GOUTTES D'EAU

Tout, pour le moraliste, a son enseignement.
Hier j'étais aux champs, quand un sourd grondement,
Rugissement du ciel qui promenait sa foudre
Et cherchait quelque faîte à réduire en la poudre,
M'avertit qu'un orage était près d'éclater.
Sous un abri voisin il fallut m'arrêter.
Tout songeur, je m'assis, sondant le phénomène
Par qui la goutte d'eau dans les airs se promène,
Elle si lourde alors qu'elle a touché le sol ;
Et mon esprit, s'ouvrant, dans le vent prit son vol.

Je crus entendre au milieu de l'orage
Les Gouttes d'eau tenir entre elles ce langage :

« Nous sommes filles de la mer,

Et nous suivons à travers l'air
Une route inconnue;
Toutes, nous formons une nue
Qui vient désaltérer les champs,
Les hautains sommets, les penchants
Des plus humbles collines!
Roulant jusqu'au fond des ravines,
Toujours à notre mission,
Nous n'avons d'autre ambition
Que de remplir notre carrière;
Aussi nous tourner en arrière
Pour regarder d'où nous sortons,
Ou bien encore où nous portons
Si bienfaisantes nos ondées,
Jamais nous n'eûmes ces idées!
Toutes confiantes au ciel,
Nous allons: c'est l'essentiel! »

Tout ravi, j'écoutais ce grand chœur de la nue.
Alors, pensant à nous, je dis d'une âme émue :
« Sortis d'un océan qu'on nomme l'Infini,
Nous sommes gouttes d'eau que roule la tempête;

Pour féconder les fleurs, pour que les champs en fête

Produisent l'épi vert par un ciel d'août jauni,

Nous parcourons le monde et versons sur la terre

      Dans notre marche salutaire

Notre âme et notre vie, insoucieux du soir !

Assurés du retour, nous allons pleins d'espoir ;

Car le père Océan, le dieu bon et suprême,

Est là pour accueillir la gouttelette d'eau

Que le fleuve ramène à son premier berceau.

Plus la goutte est petite, et plus le bon Dieu l'aime !

LIVRE III

LES ANNEAUX

Philosophes abstraits, j'admire la structure
Des beaux systèmes creux que vous nous bâtissez
Tout en haut, vers la lune, où rien de la Nature
N'entre, pierre ou ciment, ce dont vous vous passez.
Ce sont d'ingénieux filets, où l'araignée
Prend l'aile tendre encor des jeunes moucherons,
Qui ne s'en plaignent pas : c'est dans leur destinée !
Ces jeunes étourdis un jour nous goberons
A leur tour, inventant d'autres nouveaux systèmes.
Ainsi la comédie, en variant ses thèmes,
Reste éternellement la même, et c'est toujours
Pénélope et sa toile, et les nuits et les jours
S'entre-croisant sans cesse et se mangeant l'un l'autre !

Mais le piquant, c'est que chacun se croit apôtre,
Chacun pense apporter du problème éternel
La solution vraie et le seul mot réel.
Et c'est encore un trait qui double le comique
Que cette gravité de la Métaphysique,
Cette voix d'un monsieur dans un saint tremblement
Expliquant l'Être, et puis le pourquoi, le comment
De tout! Ah! que c'est drôle! et que j'aime Voltaire
Éclatant d'un franc rire au nez de tout sectaire!

O de la quintessence abstracteurs ennuyeux,
Cultivez vos jardins; cela vaudra bien mieux!
Vous liez nos esprits, mais non pas la Nature!
Elle n'obéit point à vos raisonnements;
Le syllogisme en forme et ses raffinements
La laissent échapper par plus d'une fissure,
Et ce qui reste pris dans vos coups d'épervier,
C'est nous, mais par la maille Elle a su s'esquiver!
En vain, doctes penseurs, vous espérez la prendre;
En vain vous l'invoquez : pures illusions !
A pas un rendez-vous elle ne veut se rendre!

Vos *templa serena*, ce sont des Ilions
Que la sape des Grecs mine avec conscience ;
Or la sape est ici celle de la science.
En vain vous prétendez sonder le firmament :
Dites, connaissez-vous la terre seulement ?
L'homme est-il animal? l'animal est-il homme ?
Sur ce premier problème est-on d'accord en somme?
Écoutez Lamartine en ces beaux vers si doux :
« O mon chien, Dieu seul sait la distance entre nous !
Seul il sait quel degré de l'échelle de l'être
Sépare ton instinct de l'âme de ton maître ! »
Ainsi la différence, aux yeux de ce penseur,
Est dans le *degré* seul, non pas dans la *nature ;*
La chaîne a des anneaux, nulle part de rupture ;
Tout se tient, tout s'unit, tout coule avec douceur
Suivant les éléments et la pente commune :
La substance ou la loi, partout, toujours, est une.
Est-ce là votre idée? Êtes-vous bien d'accord ?
Essayons d'assembler Spinosa, Malebranche,
Descartes et Leibniz, et Locke au même bord :
Quel pugilat, grand Dieu! de cris quelle avalanche !

8.

Nul de ces grands penseurs n'avouera qu'il a tort.

Mais laissons de côté ce terrible problème,

Ne voyons que l'homme lui-même.

Il est libre! et voilà qu'il va déranger tout!

Que deviendra l'émarménisme

Du Stoïque, et du Turc le fatalisme?

A soi-même une énigme, isolé, seul, debout,

L'homme met ses instincts à déchirer ses frères;

Sur tous les points du globe il allume des guerres:

Il parle d'union, et se conduit en loup.

Cependant il a fait un pas vers la concorde,

C'est un point que j'accorde;

Mais apprenez comment les faits sont arrivés.

Dans la chaîne, l'Anneau dit à l'Anneau qu'il touche:

« Mon frère, tu ne peux me voir d'un œil farouche;

L'un à l'autre à jamais nous sommes là rivés,

Faits de même métal et tous deux achevés

Par l'artiste qu'on nomme Architecte des mondes.

Tout s'enchaîne sous lui! C'est de ses mains fécondes

Qu'il tient par chaque bout cette chaîne sans fin

De l'atome montant jusques au Séraphin.
En nos cœurs nous sentons son âme universelle...»
Il eût continué, mais la main criminelle
De l'homme, brusquement, venait de rompre tout ;
De la chaîne plus que des chaînons, dont le bout
Dépareillé gisait deçà, delà, sur terre !
Les castes s'élevaient : le noble, solitaire,
Trônait dans son château, n'adorait que son roi ;
Le prêtre apparaissait veuf de l'antique foi,
Ne rêvant qu'abbaye et que vaste domaine ;
Le peuple, à part, geignait. Le mépris et la haine
Entre ces trois tronçons comblaient le vide affreux :
L'amour ne régnant plus, tous étaient malheureux !
De la chaîne brisée où trouver l'harmonie ?
Quatre-vingt-neuf parut ! La race fut unie ;
Les barrières, tombant, écrasèrent les fronts
Des Caïns qui vivaient du sang et des affronts
Qu'entretenaient partout et l'autel et le trône.
On ne tend plus la main, on ne fait plus l'aumône ;
Chaque anneau redevient un anneau fraternel ;
On s'entr'aide, et l'on marche au progrès éternel !..

LE ROULEAU DE PAPIER

ET LES BATONS DE MARÉCHAUX

C'était en mil huit cent quinze. Les Tuileries

Ayant fait supprimer les Maréchaleries

Et mis tout l'Empire à l'envers,

Bientôt les vieux Bâtons furent piqués des vers ;

Ils n'allaient plus à la bataille,

Plus autour d'eux ne sifflait la mitraille,

Et les grands maréchaux ne les caressaient plus !

Ils étaient là, mourant reclus,

Et poussaient une plainte vaine

Pendant que l'Empereur voguait vers Sainte-Hélène !

Ils déploraient pour eux une semblable mort,

Et murmuraient contre le sort

Qui fait périr ainsi les plus vaillantes âmes,

Dans un coin tristement, comme de vieilles femmes !

Une voix, qui sortait d'un Rouleau de papier,

Crut devoir se mêler à ces hautaines plaintes :

On avait, disait-il, osé l'estropier !

Pour fabriquer la Charte on lui dérobait maintes

   Feuilles et maints beaux traits pleins de vertu !

« Mais, dirent les Bâtons, petit, qui donc es-tu ?

Jamais on ne te vit au sentier de la gloire ;

Pour blessures tu n'as que des traits d'encre noire !

Que fais-tu parmi nous ? Voyons, explique-toi. »

Mais le petit Rouleau repartit sans effroi :

   « Tout comme vous je suis né sous l'empire ;

Nous pouvons nous donner le baiser fraternel ;

Vous me connaissez bien. Quoi ! faut-il vous le dire ?

   Je suis l'Acte additionnel ! »

   Chaque Bâton à ce récit s'emporte

Et s'écrie : « En nos cœurs vous avez fort mal lu ;

Nous sommes l'Absolu, l'Absolu, l'Absolu ! »

Sabres et libertés s'entendent de la sorte !

   Et cependant, qui le croirait ?

En France le parti libéral espérait

   Jadis dans l'impérialisme !

Béranger fut d'un étrange optimisme,

Lui qui chanta le despote déchu :
Quelque esprit que l’on ait, on est parfois déçu !

LA GUITARE ET LE HAUTBOIS

> « On mariait une vieille botte avec un jeune
> et souple brodequin. »
>
> RABELAIS.

Une Guitare soupirait :
A dix-sept ans que faire, à moins qu’on ne soupire !
Un vieux Hautbois d’elle s’énamourait ;
Mais il était, il faut bien vous le dire,
Riche à payer comptant un vaste empire,
De plus, volage ainsi qu’on l’était autrefois :
Qu’il vous souvienne de nos rois !
D’abord il engagea ce courtois badinage
Que maintenant on nommerait fadeur,
Mais appelé bel esprit en cet âge ;
Puis il vous fit le joli cœur,
Et puis encor soupira son ardeur !

Par cas vraiment fort rare

Chez nos voisins les peuples castillans,

Notre sémillante Guitare

Sut dompter les élans

De sa tendre et jeune âme,

Psyché prête à goûter au mystère charnel.

Longtemps elle tint bon ! mais enfin, étant femme

Et soumise au joug paternel

(Or son père, entre nous, était un franc avare

Qui soutenait du vieux la prétention rare,)

En résistant, il lui fallut céder.

Le premier jour ils semblaient s'accorder ;

Mais bientôt on ouït des notes discordantes ;

Trop d'allégros ici, là trop d'andantes ;

Des solos à foison, peu d'accompagnement !

« Le trait est vieux ! Fabuliste, vraiment,

Crois-tu nous donner là nouvel enseignement ? »

Non ; mais d'où vient que d'âge en âge

On voit des gens sensés tenter ce mariage ?

D'aucuns veulent encor, même aberration,

Unir l'Église avec la Révolution :
Le joli couple ! Adorable ménage !

LE *PATER*

A LA COUR DU LION

Dans l'église, au matin, la Cour est réunie,
Et l'Éléphant, prêtre, officie.

LE PRÊTRE.

O Père, dont le trône est au plus haut des cieux...

LES RENARDS (courtisans) [1]

O nos Rois, qui sur terre êtes nos seuls vrais dieux !

LE PRÊTRE.

Que ton nom soit toujours béni, Père adorable !

---

1. Seul, le prêtre parle haut, et l'âne (c'est à dire le peuple), à la fin de la prière ; les autres s'expriment à voix basse, en aparté.

Une Cigale (poète de cour).

Que le mien soit célèbre et toujours agréable!

Le Prêtre.

O Dieu, que votre règne arrive en peu de jours!..

Le Roi Lion.

Et que le mien se maintienne toujours!

Le Prêtre.

Que votre volonté soit faite....

Les Lionnes (favorites).

Nos caprices surtout ! l'œuvre sera parfaite !

Le Prêtre.

Donnez-nous, ô Seigneur, le pain quotidien...

Le Dauphin (Lionceau).

Des confitures là, par-dessus, feraient bien !

Le Prêtre.

Pardonnez-nous, ô Seigneur, nos offenses
Comme...
                La Cour ici gardant de longs silences
(Car personne jamais n'avait rien pardonné !),
L'Ane dit : « Comme à tous depuis que je suis né
                Volontiers je pardonne ! »

Qui ne t'admirerait, âme candide et bonne !
Au pied des saints autels toi seul viens d'un cœur pur
                Te prosterner ! Personne
        Ainsi que toi qui suive d'un pas sûr
Et ferme le sentier qui conduit aux montagnes
                Et se perd dans l'azur !
De nos ambitions, ces tenaces compagnes
En priant le Très-Haut tu sais te dépouiller,
Et cet acte divin : *pardonner toute offense,*
        Toi seul, pauvre être sans défense,
        Tu l'accomplis sans sourciller.

JÉSUS ET LE JUIF ERRANT

De vous conter comment la malédiction
Au front d'Ahasvérus s'attacha menaçante,
Et comment il naquit une tradition
Qui fit du Juif maudit une personne errante,
C'est texte rebattu, c'est chose indifférente.
Ce qui peut l'être moins, c'est qu'il m'avint (je crois
L'autre nuit) d'entendre une voix
S'élever douce et forte ;
Elle cherchait le vrai, s'enquérant de la sorte :

LA VOIX.

Dis-moi, vieux Juif, es-tu le Juif errant ?

LE JUIF.

Voyez mon sourcil noir, droit et dru comme un rang
De soldats alignés en un jour de bataille.

LA VOIX.

Est-ce bien sûr, Juif, que tu sois le Juif errant ?

LE JUIF.

Voyez ce long bâton ; voyez ma haute taille :
Ce siècle enfanta-t-il quelque homme d'aussi grand ?

LA VOIX.

Encor dis-moi, vieux Juif, es-tu le Juif errant ?

LE JUIF.

Sur mon front, regardez : des rides ! un torrent
De sueur ! Sur mon corps des habits d'un autre âge !

LA VOIX.

Christ, êtes-vous le Dieu vivant ?

JÉSUS.

Vous l'avez dit.
        Soudain la parole du sage
Douce se ralentit sans aller plus avant ;

Et la Voix de clamer de la terre au nuage :
« Jésus, vous êtes bien le fils du Dieu vivant,
Mais, toi, vieux Juif, tu n'es en rien le Juif errant ! »

Dévots à large panse et gens de toute sorte,
Du bon droit et de Dieu vous êtes le soutien,
Et certes nous nous en doutions bien ;
Toutefois n'allez pas d'une voix par trop forte
Le ressasser ; qui trop prouve, ne prouve rien.

LA GRENOUILLE ENFLÉE

« Encore un peu, ma sœur !
Pour égaler l'animal en grosseur
Enflez, enflez votre peau souple et forte ! »
La fable dit qu'elle en est morte ;
Les bambins cependant protestent avec moi.
La fable a donc menti ? Non, gens de peu de foi,
Mais sous l'allégorie une histoire se cache.
La grenouille était reine ; un beau corps d'animal !

9.

Rarement on en vit d'aussi grand, que je sache ;

Elle se travailla vers un but idéal,

Grossit et dit : « Mes sœurs, voyez-vous cette vache ?

Tel est mon idéal ! Regardez, j'y tends ! » Las !

Cet aveu fut une grande imprudence !

Chacun du but mesura la distance

Et dit : « Vous n'en approchez pas ! »

Quant à l'aider, nul n'y songea. Que dis-je ?

On la traita de folle ! Elle avait le vertige !

On vous la bafoua, rien ne fut épargné !

Elle creva ? Non pas ! Son cœur avait saigné

Sous la dent des méchants, rien de plus. Pauvre reine,

A la vie, aux douleurs, la nuit fraîche et sereine

La rappela. Combien elle maudit

Sa royauté de sang toute rougie ;

Combien de fois elle se dit :

« A quoi bon l'idéal ! A quoi bon le génie ! »

Mais, pendant qu'elle traîne ainsi triste sa vie,

Une frange dorée au bord de l'horizon

Paraît, et le soleil lance un premier rayon.

Avec lui se répand au sein de la prairie,

Tout bourdonnant, un vif et frais essaim
D'écoliers, qui, bien loin des ruches studieuses,
Accourent faire aux nids leur ronde du matin.
« Oh ! la belle grenouille ! » Et les clameurs joyeuses
    Tombent ! On court, on entoure aussitôt
L'écolier qui venait de pousser ce beau mot.
« Où ? dit-on. — Voyez-vous, là ! » La grenouille verte
Voit la Mort jeune et fraîche autour d'elle danser ;
Doucement elle sent son âme trépasser
Tandis que les enfants ont conjuré sa perte.

    L'un dit : « Elle est belle, il est vrai,
Mais je sais le moyen de la grossir encore ! »
Et, prenant une paille, il l'enfle. Cet essai
Ne les satisfait point. « Je veux que la pécore
Sous mon souffle puissant émerveille les yeux ! »
Dit un autre, et voilà qu'il l'enfle de son mieux.

    Mais un troisième : « Il faut que cette bête
Ait des secrets nouveaux pour se gonfler ainsi ;
    A l'œuvre donc ! que j'en perde la tête
Si bientôt l'animal n'a pas encor grossi ! »
On souffle, on se relaye ; on frappe sans relâche !

Siffle et chante la peau sous la verge d’osier ;

Tout enfle, enfants et bête. « Ah ! dit un écolier,

Notre grenouille est bien grosse comme une vache ! »

A l’ombre l’on s’assit, haletant et béant,

Et chacun repassa sa leçon, son Homère ;

Le bonhomme annoté, gonflé d’un commentaire,

De grand que Dieu le fit leur parut un géant !

Voilà comme on atteint l’idéal sur la terre !

Après de longs efforts vous n’aboutissez pas ;

Vous n’êtes vraiment grand qu’après votre trépas.

LES PAPILLONS BLEUS

Sans maculer le bout de leurs ailes d’azur

Des papillons volaient près d’un limon impur,

Et chacun d’admirer la troupe qui se joue

 Et vient toucher la fange des bourbiers

 En restant pure en cette noire boue.

 Passait non loin de ces fangeux sentiers

Une fille du peuple, et des hommes grossiers,

Offrant de l'or, tenaient plus d'un propos étrange ;

Sans souiller même un pan de ses haillons,

La vierge franchissait leur obscène phalange :

Mais il faut pour cela rester bleus papillons,

Femme, il faut être un ange !

LA LOCOMOTIVE

Sur l'aile du progrès emportés vers les cieux

Nous devenons glacés, raides comme des dieux :

Ainsi passe dans la pratique

Cette superbe diabolique

Dont gémissait le grand Pascal

Près de Messieurs de Port-Royal.

Du *nihil humani* plus rien dans nos poitrines !

L'indifférence enserre en ses froides racines

Nos cœurs jadis émus aux malheurs du prochain.

Un reste en nous, un reste d'apparence

Fait croire à la pitié, qu'éveille la souffrance :

Il n'en est rien! ainsi gémit l'airain!

Circulant sur ses rails une Locomotive

Jetait par intervalle une note plaintive :

« Mère, dit un enfant, une grande douleur,

Ou quelque affliction sur quelque grand malheur

Arrache ce long cri de sa gueule de flamme!

— O mon fils, ton bon cœur t'égare, je le vois,

Lui répondit la mère, aimante et douce femme :

Ce cheval est de bronze et traîne des convois;

Comme lui, mon enfant, combien d'hommes sans âme

N'ont des larmes que dans la voix! »

LES AMIS DU SOURICEAU

Un Souriceau, du fond de sa province

Débarqué dans Ratopolis,

Crut qu'il fallait, étant des plus polis,

Rendre visite en prince

A tous ces gens qu'on nomme *des pays*.

Jeune, pimpant, plein de désinvolture,

Il n'allait qu'en voiture !

Un gros bourdon guidait

Son brillant attelage,

Grondant, piquant, suant, faisant un beau tapage !

Pour coursiers il avait plus d'un fringant bidet,

Plus d'une haquenée assez vive d'allure,

Mais tous étaient d'une étrange encolure !

Figurez-vous six hannetons,

Avec un fil passé dans le derrière,

De l'aile s'escrimant, et rendant tous les tons

Sous l'effort qu'exigeait l'inégale carrière.

Le char était de vieux cartons

Et chaque roue en liège, en papier la portière !

Ainsi l'on voyageait dans la ville des rats ;

Ainsi le Souriceau mondain, en grand fracas,

Près de trous fort nombreux arrêta sa voiture.

Tout alla bien, et d'aventure

Pas un ami, comme on le voit chez nous,

Ne songea qu'il avait des sous

Et qu’on pouvait l'aider à dégonfler sa bourse.

Mais d’abord il perdit maint jour en mainte course,

Puis les amis vinrent le voir,

Larrons de temps, reçus matin et soir !

Et lui, comme il voulait percer par son mérite,

Doucement fut rongé par ces gens qu’on n’évite

Qu’en se claquemurant dans un trou bien fermé,

Sinon, en vains propos le temps est consumé

Et l’avenir perdu !

Vivons donc en ermite !

Imitons sur ce point Descartes, qui cachait,

Comme un nouvel Alceste, à qui le recherchait,

Sa retraite profonde.

Ah ! je vous plains, Philinte, ami de tout le monde !

Le temps volé par cette foule-là

Peut-être eût fait de vous un homme plein d’éclat.

LA CHARTE ET SES AINÉES

« N'ayons sur rien, mes sœurs, une clarté confuse ;

Chaque être a son histoire et son enseignement ;

Dégageons-les des faits : car souvent on s'abuse,

Prenant pour du réel un éblouissement.

Les faux pas sont nombreux, et nombreuses les chutes ;

Celui qui juge bien évite les culbutes.

C'est ainsi que Louis Seize dut culbuter

Du haut trône où Louis Dix-huit a su rester. »

Ainsi parlait un jour la Charte à ses aînées,

Filles des libertés de Quatre-vingt-neuf nées.

« Vous avez trop voulu, disait-elle, d'un coup ;

Moi, j'irai doucement, mais j'irai jusqu'au bout

De l'immense carrière à mes pas entr'ouverte.

Je ne brusquerai rien : j'irais droit à ma perte.

Je ne suis aujourd'hui que la Charte, et le roi

  Me retient sous sa dépendance ;

  Ne pouvant se passer de moi,

Il dit qu'il m'aime ! Il veut le bonheur de la France !
Et cependant, peu fier de sa paternité,
Il me tient à l'écart, me gronde en aparté ;
Cendrillon au palais, je vis dans l'espérance
        D'une prochaine délivrance ;
Car, mes sœurs, comme vous, je suis la liberté ! »

D'un œil impartial interrogeons l'histoire,
Et rendons à chacun la part qu'il a de gloire.
        Qui donc a dit que dans ces temps
Benjamin, La Fayette, étaient des charlatans,
Ayant mis à leur plume une cocarde blanche ?
Mais quand on est de Staël et que l'on voit la branche
        Des vieux Bourbons ramasser en un coin
La pauvre Liberté qui se meurt de besoin,
Peut-on ne pas crier : « Charte, je vous salue !
Chez des déshérités soyez la bienvenue ! »
L'idéologue enfin n'était plus bafoué ;
L'arbre des libertés avait un fruit noué !

LE CHAMEAU

Rien n'est vif et plaisant comme l'esprit français ;
Le sérieux, l'humour, se trouvent chez l'Anglais ;
Pour l'Allemand, c'est autre chose !
Ni gai ni sérieux : il pose !
Attitude voulue, on te voit, on te sent ;
Allégresse, tu n'es qu'une gaîté gourmée ;
Gravité de commande, on te prend à l'armée,
Ton vrai nom est hauteur ! Quand il se croit glissant,
Léger, un sylphe ! il enfonce, il s'embourbe,
L'Allemand vif comme une oie en la tourbe
D'autres oisons au marcher aussi lent.
Mais sous sa lourde carapace
Il entasse, il empile, il empile, il entasse !
Tel un homme ivre et chancelant
Qui veut encor vider un verre
Avant de rentrer au logis
Bien gris,

L'Allemand vide avec un front sévère

Le contenu des livres les plus gros,

Et, trébuchant à travers tous ces brocs,

Il dit : « Encore un verre! O douce jouissance,

Abstraire ainsi la docte quintessence;

Dans la métaphysique enfoncer jusqu'au cou,

C'est délectation de sage! — Non, de fou!

Lui dit quelqu'un venu de l'Amérique.

Perdez-vous moins dans la métaphysique;

Mettez-moi de côté tous ces fantômes creux;

Il n'est que l'action pour rendre l'homme heureux.

Remuez-vous, changez de place!

Vous méditez durant le temps que passe

Un Anglais, un Français, à bien entendre, à voir;

Mais chacun d'eux le fait à sa manière.

Tenez-moi ce flambeau qui donne sa lumière

Tandis qu'à tous les trois j'offrirai le miroir.

Un jour la docte Académie

De Concombre-les-Immortels,

Lasse des thèmes solennels

Et des traités sur la momie,

Proposa pour concours un sujet tout nouveau,

Et ce sujet c'était l'éloge du Chameau.

On en prévint la France et l'Angleterre,

Et l'Allemagne solitaire :

L'académicien ce jour-là faisait grand !

Chaque pays promit un concurrent

Et se piqua d'avoir la récompense.

Le Français, prompt en tout, s'élance

Droit au Jardin des plantes, qui nourrit

Plus de bêtes de toute sorte

Que de fleurs et de gens d'esprit;

Il voit là son chameau, vous le croque et l'emporte.

Tout un jour il le lèche ! Il l'a si bien tourné,

Feuilleton fin, léger, qu'au regard étonné

Il apparaît vivant ! Et puis, douce ironie,

La science y put faire assez bien ses choux gras :

« Le chameau n'a-t-il point la bosse du génie

Sur le dos? Monsieur Gall a-t-il prévu ce cas? »

Ainsi l'auteur allait jouant sur toute chose.

L'Anglais, de son côté, fait ses malles ; il ose

Affronter le désert, y faire un long séjour.

Il devient chamelier ; il guide tour à tour

      Les caravanes de l'Asie

Et celles qui d'Afrique entrent en Arabie.

Après deux ans d'étude il revient apportant

Un livre plein de faits ; l'auteur est compétent

      En la matière chamélique !

Pour l'Allemand, il creuse en son for germanique ;

Il s'y perd, y cherchant le type du chameau,

Ne met le nez dehors que pour voir s'il fait beau,

Et n'a garde d'aller jusqu'au Jardin des plantes.

Ainsi se travaillant, en ses fictions lentes

Il cherche à dégager un fantôme qui fuit ;

On dit qu'il en approche… encore il le poursuit !

La chandelle à la main, écoutant cette histoire,

      Notre Allemand ne voulut pas y croire.

LE CIERGE ET LE FOURREAU

On était au fort d'une guerre

Où notre pauvre humanité

Montra que son progrès n'est guère

Qu'un temps d'arrêt dans la férocité.

La France s'effondrait, comme au soleil d'été

Fond la tendre et candide neige !

Et l'humaine bouillie avait le privilège

D'exciter du Prussien l'épais ricanement !

La barbarie, en nos champs déchaînée,

S'en donnait à cœur joie, et la France atterrée,

Sans espoir, et pourtant non sans acharnement,

Continuait la lutte en hiver, sur la glace,

Et ceux qu'on appelait la vile populace

Demandaient la sortie et ne l'obtenaient pas !

Les généraux priaient ! Au lieu de « l'arme au bras ! »

Et des cris « en avant ! » poussés avec audace,

Aux confessionnaux ils couraient à voix basse

Egréner leurs péchés, puis savourer le pain
     Des forts de sacristie,
Quand les forts de la Halle étaient pour la sortie!
Ils laissaient dire en bas, ils laissaient avoir faim,
     Et, pleins d'espoir, ils offraient à la Vierge
     Leurs cœurs contrits avec maint et maint cierge!
L'ennemi devait fuir devant de tels canons,
Devant ces capucins chamarrés de galons!

Par une de ces nuits noires et désolées
Où, seule, la Patrie élevait mutilées
Ses mains, ses vaillants bras, qu'elle avait tour à tour
Aux peuples opprimés tendus avec amour,
Et que tous eussent dû baiser avec tendresse
Et protéger en fils à l'heure de détresse,
Un Cierge se trouvait tout auprès d'un Fourreau
     Vide, sur le bureau
     D'un général à capuchon mystique,
Et le Fourreau disait : « Que mon sort est piteux!
     Depuis vingt ans revenu de l'Afrique,
Je sens la même épée en mes flancs tout poudreux!

A peine a-t-elle pris l'air une fois ou deux ;

Encore était-ce en des jours de parade !

Le général est bien malade,

Lui qui brisait une épée autrefois

Tous les deux ou trois mois !

— Oui, les temps sont changés ! Je suis ton camarade

Actuellement, et, grâce à mon divin feu,

Supérieur aux reflets de l'épée,

Dit le Cierge. Aujourd'hui j'entre dans l'épopée ;

Je deviens bouclier ; je suis glaive de Dieu !

Une épée autrefois se brisait, moi je coule,

Et mes larmes de suif, dans les yeux de la foule

Tombant, y font l'effet d'un bel éclat d'obus ;

Les esprits en sont tout obtus !

De ton temps, mon ami, les généraux impies

Sacraient et triomphaient ; ils disent : « Doux Jésus ! »

Maintenant, et toujours ils reviennent battus,

Mais pleins d'espoir qu'un jour les troupes ennemies

Sous des signes de croix reculeront, blêmies !

Camarade, voilà le système nouveau ! »

Abners de notre temps, généraux vraiment dignes

D'avoir, au lieu d'épée, un beau cierge au fourreau,

Avec des capuchons de moine pour insignes,

    Et pour décrotteur un bedeau,

Relisez cette fable, et méditez ces lignes.

LES BUISSONS

Le jeune Anacharsis, en voyageant en Grèce,

S'endormit un beau soir et rêva de Platon;

    Sa république enchanteresse,

Comme une aurore, au loin montait à l'horizon.

Il voyait les riants vergers de Xénophon

    Ouverts ainsi qu'une chose publique

    A tout venant! Philosophe pratique,

      Ce dernier mettait en vigueur

      Cette idéale république

Que Platon esquissait avec tant de largeur.

Tandis qu'il admirait ces vergers sans clôture,

Et du passant la soif dans leurs fruits s'étanchant,

Il entendit vers le couchant
Un peuple qui, par aventure,
Avait brisé sa chaîne et criait : « Liberté ! »
Mais le mot dominant était : « Fraternité ! »
Rêves et visions nous font franchir les âges,
Comme les plus lointains rivages,
Et notre jeune Scythe en France se trouva
Au beau milieu des âmes fraternelles.
Tout le long des vergers il va ;
Mais, partout des buissons, portant moins de prunelles
Que de piquants, s'offrent à lui !
« Belle image, dit-il, de fraternité pure !
Ici, chacun hérisse une clôture !
Ah ! qu'à tort la Grèce j'ai fui !
Tous ces buissons armés de l'épine vulgaire
C'est la face qui rit de tout propriétaire ! »

LA CIGALE, LA FOURMI

ET LA TAUPE

« Des chants ! toujours des chants ! Hélas ! pauvre Cigale,

Travaillez, croyez-moi ; puis, comme moi, frugale,

Entassez, entassez dans de grands magasins

Fétus avec fétus et les grains sur les grains ! »

Ainsi parlait un jour cette Fourmi mégère

Qui, sans pitié, fermait la porte à ses voisins.

La Cigale lui dit : « Les prés verts, la fougère

Et le parfum des fleurs sont mes seuls aliments,

A quoi me serviraient vos greniers de froments [1] ? »

---

1. Il y a dans Platon un passage charmant sur les cigales ; le voici : « On dit que les cigales étaient des hommes avant que les Muses fussent nées. Lorsqu'elles naquirent et que le chant parut, il y eut des hommes si transportés de plaisir, qu'en chantant ils oubliaient de manger et de boire, et moururent sans s'en apercevoir. C'est d'eux que naquit la race des cigales, et elles ont reçu ce don des Muses de n'avoir plus besoin de nourriture sitôt qu'elles sont nées, mais de chanter dès ce moment, sans manger ni boire, jusqu'à ce qu'elles meurent. Ensuite elles vont annoncer aux Muses quels hommes ici les honorent. » — On sait la passion des Athéniens pour ces chanteuses ailées ; les Athéniennes ne leur cédaient pas sur ce point ; elles ornaient leur chevelure d'une cigale d'or.

A peine elle achevait sa réponse sensée

Qu'intervint une Taupe en commère empressée

De se faire valoir et de placer son mot :

« Dame Fourmi, dit-elle, il est un maître sot,

Celui qui croit en vous, en votre prévoyance,

 En ce fameux magasin d'abondance

Qu'on nomme vos greniers ! Pas plus que sur ma main,

  Sous vos toits vous n'avez de grain !

Ne m'éloignant jamais du monde souterrain,

Je sais ce qui s'y passe ; on connaît ma prudence.

Or très-pertinemment je sais qu'aux temps d'hiver

Dans vos nids vous dormez, étant bien à couvert.

Sur ce point désormais je ne saurais me taire ;

Votre engourdissement m'est trop connu, ma chère. »

Elle eût sur la Fourmi vidé tout son baquet,

Quand un chat survenant fit taire son caquet ;

Mais elle avait raison, la Taupe courroucée,

De ravaler un peu cette bête encensée,

Cette Fourmi superbe !

   Il arrive souvent

Que le renom souffle ainsi que le vent,

Allant où bon lui plaît et fort à l'aventure.

La Taupe a mis à jour une vieille imposture ;

Non plus que le Serpent ne « pique des deux bouts [1] »,

La Fourmi n'a jamais amassé dans ses trous

Des grains pour subsister dans la saison mauvaise.

De ce fait reconnu la Cigale est fort aise ;

La Fontaine s'en plaint, car le malin conteur

Hérodotise un peu pour capter son lecteur.

LA TOURTERELLE

ET LA CHAUVE-SOURIS

Qu'on aime à bafouer le talent qui s'éveille,

Nul n'en est étonné : l'égalité fait loi !

Cet égoïsme-là veut qu'au-dessus de soi

Rien ne s'élève, hormis, deçà, delà, l'oreille

    De quelque baudet mal-appris.

L'autre égoïsme dit : « Jouissons à tout prix ! »

---

1. Le serpent, on le sait, ne pique pas du tout ; il mord.

Ici, le « tout pour soi » prime sur toute chose ;

Là, le « tout est égal » s'étend jusqu'à la rose ;

    Ici tout vise à cumuler,

    Et là tout tend à niveler :

Entre ces deux écueils navigue notre France !

Charybde, et toi, Scylla, terreurs de notre enfance,

Vieux abîmes que creuse et remplit tous les jours

La passion, à vous je me heurte toujours.

Sous des aspects divers c'est vous que sur ma route

Je trouve rajeunis ; alors j'hésite et doute !

Oui, j'hésite à poursuivre un long œuvre entrepris :

Car qui m'en saura gré ? quel en sera le prix ?

Ah ! si j'étais du moins Myrmidon ou Pygmée,

Un simple Belmontet ! nullement alarmée

L'égalité prendrait à cœur de m'exhausser ;

Jusque dans le sénat on saurait me pousser,

Ou tout au moins j'irais, comme un préfet notable,

    Montrer mon bel habit brodé

A la province, où l'on trouve tout adorable,

Tout ce qui de Paris y vient recommandé !

Hélas ! je ne suis rien qu'un rêveur, un poëte,

Une chose qui n'a rien de bien positif,

Chevaucheur de Pégase, un coursier fort rétif,

Et notre égalité des rêveurs s'inquiète ;

Puis, qui n'aime à jeter une pierre au pauvret

Qui murmure en un coin son hymne ou son couplet ?

Sur un arbre à l'écart chantait la Tourterelle ;

C'était la nuit, une nuit claire et belle,

Nuit d'été, du jour approchant :

Les étoiles jetaient une lumière blonde,

Et la lune était pleine et ronde.

Nul oiseau ne pouvait lui reprocher son chant,

N'était un rossignol perdu dans le feuillage ;

Mais le génie est tolérant :

Il ne se plaignait point d'un pareil voisinage.

Une Chauve-souris, dans l'ombre claire errant,

Où l'on voyait transparentes ses ailes,

Oiseau d'égalité, pensa tout autrement,

Et vint, le feu dans les prunelles,

Dire à notre chanteuse en un long enroûment :

« Il te sied bien, triste oiseau solitaire,

D'élever dans la nuit ta gémissante voix;

La Nature en frissonne, et j'en suis aux abois.

— Oiseau jaloux, jamais tu ne me feras taire,

Reprit la Tourterelle à ces mots insultants,

Car je n'ai rien que mon ramage

A donner en tribut d'hommage

Au Dieu dispensateur des biens dans tous les temps.

C'est lui pour qui mon chant résonne; _

Reconnaissant des dons qu'il m'a faits, je lui donne

Le peu que j'ai, ma voix! Qui donc m'en blâmera? »

Le Rossignol, de loin, par son chant l'approuva.

Qu'importent des jaloux les rancunes secrètes,

Et de l'égalité les sifflets mal-appris!

Luttons; élevons haut nos têtes,

Et pour tous les sifflets n'ayons que du mépris.

LIVRE IV

LE CANDIDAT ET LE PROTECTEUR

Le Baccalauréat, ce tourment des familles
Et cette plaie aux flancs de nos sociétés,
Hébète notre esprit si fin, né de ces drilles
Bons gabeurs, vrais ribauds, gausseurs bien affûtés.

Sous la verge normalienne
Et la roideur de nos pédants
Se corrompt et s'aliène
Ce fruit gaulois si bien fait pour nos dents,
Vert juste à point, avec des saveurs douces
Que relève un jus aigrelet,
Dans Rabelais peut-être un peu gras, s'il vous plaît.
Oui ; mais voilà que l'arbre perd ses pousses !
A peine quelques fleurs, ne nouant plus de fruit,

Doux éclats d'un printemps qui fuit,

S'épanouissent sur la branche !

Il faut qu'ailleurs s'étanche

Cette soif du rire et du bruit

Qui fit de notre terre une patrie aimable

Et parmi toutes adorable.

Les Thérésas, les Offenbachs,

Tirant de leurs gros sacs

Les moutures d'un épais rire,

Nous poussent à des chants dignes du Bas-Empire !

Mais, le dirai-je ? la Sorbonne est pire encor

Avec ses examens qu'on paie au poids de l'or,

Et qui courbent à terre et l'esprit et la face

De la tendre jeunesse, où le printemps se lasse

A répandre des fleurs qu'efface

Aussitôt cette main rugueuse des geôliers

Maîtres de ces cachots que nous nommons lycées,

Sans doute en souvenir de ces beaux écoliers

Dont les troupes n'étaient nullement entassées

Dans de sombres enclos tels qu'on en voit ici.

Disciples de Platon, élèves d'Aristote,

Jardins hospitaliers, où l'on marche, où l'on trotte,
Où l'on fait mille tours, où l'on apprend ainsi
En se jouant, mêlant l'adresse corporelle
A l'esprit, vous aimer est chose naturelle !

Dans la triste Sorbonne il se présente à vous,
Juges, un candidat frais sorti des verrous.
    Comme une feuille au vent il tremble ;
    C'est pitié de le voir ! Il semble
Que la terreur va lui couper la voix.
Lui, bon élève en grec, à peine cette fois
    S'il peut le lire en un texte facile !
Il dit des mots sans suite, et voici que la bile
D'un examinateur s'échauffe contre lui.
Sera-t-il ajourné ? Mais il a quelque appui,
Ou du moins il le croit, et cela l'encourage.
Tant bien que mal enfin se tirant du passage,
    Il est sauvé !
Et, dès le lendemain, tout plein de gratitude,
    En sa demeure il a trouvé
    L'homme dont la sollicitude

A son succès avait contribué.

Nul doute à ce sujet ne lui vient en la tête ;

Il eût été, sans lui, rejeté, bafoué ;

De le remercier il se fait une fête.

« Enfant, détrompez-vous, lui dit d'un ton honnête

L'influent protecteur

(C'était un sénateur !).

D'un haut ministre hier j'obtins une audience ;

Un bureau de tabac pour Jeanne je voulais ;

Jeanne est ma filleule, et près d'elle j'oubliais

Un instant qu'il existe et Sorbonne et science ! »

Laissons les grands jouir, et dans nos embarras

Ne comptons point sur eux ; sinon, de confiance,

Il faut leur savoir gré du bien qu'ils ne font pas.

LA FÉRULE

Pendant les sombres jours de la réaction

On vit des hommes noirs, — la Congrégation, —

S'abattre dans nos murs, couvrant de leur soutane

Leur basse ambition et leurs oreilles d'âne.

Ils accaparaient tout, ils se mêlaient à tout,

Et l'Université vaincue était à bout.

Le cœur défaillait à la France ;

De ses plus mauvais jours renaissait la souffrance :

L'histoire était aux mains d'un Loriquet !

Nos libres professeurs, comme on vous les traquait !

Après avoir passé le plus beau de leur vie

Dans un sombre collège et bu jusqu'à la lie

Les vieux auteurs grecs et latins,

On les laissait croupir comme maîtres d'études,

Ou, vu parfois leurs hautes aptitudes,

Ils devenaient régents des fils de nos catins !

Et le frère Pancrace allongeait sans scrupule

Sur le dos d'un chacun des coups de sa férule :

Il avait reparu, l'odieux instrument[1] !

On n'obéissait plus qu'à son commandement.

---

1. Un de mes oncles avait coutume de dire : « En ce temps-là, on nous inculquait le latin par le derrière ! » Ce latin-là avait de solides fondements !

Ainsi Pancrace allait frappant ; et tout hostiles

Les mots avec les coups résonnaient et tombaient,

Et tous les élèves courbaient,

Pauvres roseaux débiles,

Sous le vent de sa verge et sous le noir pensum.

« Du silence, Messieurs ! Dix fois le verbe *sum*,

Très nettement écrit, de suite et sans réplique ;

Plus, vingt coups de férule aux lieux où on l'applique ! »

Tel était le refrain de ces prêtres bâtards

Qu'on surnomma bientôt « nos bons pères... fouettards ! »

La férule, à ce trait, disparut de la classe :

Nos Tartufes, sans doute, ont compris qu'il fallait

Rejeter et briser cet instrument si laid ?...

Non ; on le tient caché dans un fond de paillasse !

Pour l'en tirer vienne une occasion,

Vous verrez comme en use un Basile pion !

Vous qui croyez avoir amoindri cette race,

Méfiez-vous toujours du bon frère Pancrace.

LE POÈTE ET LE LIBRAIRE

Au poète Eugène Cressot.

« O fortuné libraire, accorde-moi, de grâce,
     Un rapide entretien ;
  L'hiver approche, et moi, je suis sans place
     Et ne possède rien !
  Voici des vers. S'ils t'agréaient, sur l'heure
     Je te les céderais pour peu !
Un pain grossier suffit à ma pauvre demeure,
     Avec quelques rayons de feu ! »
     Telle fut l'offre du poète ;
     Mais le gros libraire sourit.
  « Ami, dit-il, je connais ton esprit ;
   Certes, avec une aussi bonne tête
Un brillant avenir t'est réservé de droit ;
Mais attends, et, crois-m'en, broche-moi de la prose ;
Le vent, vois-tu, n'est point à la Muse au front rose. »
Le poète comprit et regagna son toit,

Triste, le cœur en défaillance.

Quand la gloire y montait, des hommes de science

Disaient : « Cet homme est mort et de faim et de froid ! »

    Cœur de bronze, voix sympathique,

Tel est l'homme du jour absorbé par le gain.

« Attendre », dans l'argot des cuistres de boutique,

Veut dire : « O fiers penseurs, il faut mourir de faim [1] ! »

LA GRAPPE

La vigne a bourgeonné, le raisin est éclos,

Et la Grappe arrondie au penchant des coteaux

        Gonfle, et rougit comme une fiancée ;

Languissante, elle pend sous son poids affaissée

        Et sous les ardeurs du Midi,

Lorsque le Vigneron vient, et, d'un doigt hardi

---

[1]. Cette fable, hélas ! fut une prédiction inconsciente. Le poète Cressot est mort de faim à quarante-deux ans, mais la gloire n'est pas venue.

Saisissant le sommet de la tige alourdie,

Le tord avec dextérité,

Et, ne laissant au fruit qu'une mourante vie,

Hâte par là le temps de sa maturité.

Ainsi vous mûrissez au soleil de sagesse,

Vous tous que le malheur de son doigt tord et presse ;

En vous, rapide, croît et jaunit la moisson :

Votre âme, c'est la grappe, et Dieu, le vigneron.

LES HIRONDELLES

ET LES MOINEAUX

> « *Sic vos non vobis...* »
>
> Virgile.

Oiseaux aimés, des Hirondelles

Accouraient au printemps nouveau,

Et, voltigeant, effleuraient de leurs ailes

Et les nids retrouvés sous les vieilles poutrelles

Et la glaise du bord de l'eau.

La joie était dans l'air, à toutes les gouttières !

Mais Hirondelles sont d'actives ménagères :

L'on vole et l'on revole au toit hospitalier ;

L'une y porte la glaise, une autre la façonne ;

Tout se fait en commun ; on reçoit et l'on donne ;

Chacune a son travail, comme en un atelier.

Mais quand, pour achever l'ouvrage

Qui mettra la famille à l'abri de l'orage,

Il manque à peine encor quelques brins de duvet,

Et qu'en rêve déjà la mère vous couvait,

O tendres œufs, voici qu'en l'absence des maîtres

Entrent dans les logis suspendus aux fenêtres

D'affreux moineaux au regard effronté,

Race qui pille et qui piaille,

Brigands toujours prêts à faire ripaille,

Et par eux les doux nids sont pris d'autorité ;

Bien plus, de l'hirondelle on se joue, on la raille !

Par nos auteurs que de vols sont commis !

Virgile aux temps d'Auguste en sut bien quelque chose.

Dans Landerneau quel tapage et quels cris !

Titre ou drame volé d'ordinaire en est cause.

Clartinard à partie hier prenait Sartrou ;

Mais cet auteur connu traite l'autre de fou !

Clartinard par malheur est moins fin que Virgile

Et ne peut prendre au piège un aussi vilain Gille

Que Sartrou !

LE CALENDRIER RÉPUBLICAIN

En parcourant des yeux le tableau synoptique

D'un vieux calendrier de notre république,

Le curé d'un hameau, soldat sous la Terreur,

Mais depuis devenu... vénérable pasteur,

Murmurait en lui-même : « Hélas ! quel temps de crimes,

    Se déroulant en un sombre milieu,

Que l'époque où l'on vit des cœurs assez infimes

Pour substituer l'homme à la place de Dieu ! »

C''est qu'en ces temps fameux l'homme était grand, ô prêtre,

Et que, se sentant fort, il se crut Dieu peut-être !

Il adorait, debout à l'autel, la Raison.

Eut-il tort ? Non, puisque sur l'horizon,

Reine du siècle, elle s'était tenue

Seule des Dieux, levant de la terre à la nue

Un front superbe et plein de feu !

Condamnez nos excès, mais nous laissez un peu

De cet orgueil qui fit que l'âme de la France

Rugit comme un lion qui sent que l'on l'offense ;

Souvenez-vous toujours que vous pesiez sur nous,

Que plus d'un cœur courbé sous l'esclavage

Se redressa plein de courroux.

De cette histoire-là baisez la sainte page,

Vous, ministres d'un Dieu qui veut la liberté

S'associant à la fraternité !

Comprenez mieux les œuvres de chaque âge,

Ce que chacun de nous lègue au siècle à venir,

Et, sachant discerner, prêtres, sachez bénir.

LES QUATRE SŒURS

Qui le premier ouvrit boutique

A l'enseigne des Quatre-Sœurs?

Je laisse sur ce point s'exercer la critique,

Ces recherches pour moi n'offrent nulles douceurs.

Le magasin était de forme antique,

Depuis changée avec les successeurs;

J'aimais la vieille forme, et je trouvais fort belles

Du magasin les quatre demoiselles,

Sœurs dans le même cadre offrant quatre portraits

Un même air de famille animait tous leurs traits,

Mais que de nuances entre elles!

L'une, assise à la caisse et chiffrant savamment,

Ne laissait pas d'avoir de l'agrément :

Point de sourcil sévère; un œil profond et tendre

Où se jouait mainte clarté,

Et si plein d'amabilité

Qu'on s'y laissait sans peine prendre.

L'autre, tenant en main la mesure et les poids,

D'un scrupule n'eût pas fait pencher la balance;

Chaque client pouvait dire d'avance :

« Poids et pesée ici sont justes chaque fois. »

Et cette personne rigide,

Cœur tout pétri du lait de l'équité,

Toujours ayant la raison pour égide,

Avec discernement faisait la charité.

La troisième sœur, généreuse,

Hardie, impétueuse,

Paquets et lourds poids soulevait,

Jusqu'aux plus hauts rayons sans crainte s'élevait

Pour y saisir la marchandise.

J'admirais sa virilité

Et son geste plein de franchise,

Quand dans un coin, modeste en sa beauté,

La quatrième sœur j'avise;

Chaque chose en son lieu par elle était remise.

Alors de m'écrier : « O sœurs, je vous connais!

Ailleurs qu'ici je vous ai vues!

Vous épouser toutes, je le voudrais :

C'est le rêve de bien des âmes ingénues !

Quel heureux polygame avec vous je serais,

       Sainte *Justice*, et toi, *Prudence*,

Sœurs de la *Grandeur d'âme* et de la *Tempérance !* »

LES DEUX MOI

Un jour que je fuyais loin des hommes menteurs,

Je vis un couple étrange au bord d'une rivière :

       Une Grenouille toute fière

     D'avoir quitté les glauques profondeurs

     Avec un Rat descendu des hauteurs

       Menaient une danse comique,

       Elle sautant, l'autre trottant,

Puis tous les deux s'entrelaçant, se culbutant,

       Le tout sans air et sans musique,

Sur un pré qu'une vache en paix allait broutant.

Quand la danse eut pris fin, quelle fut ma surprise

       De les voir tous deux s'embrasser,

       Puis, bras dessus, dessous, passer

Ainsi que deux époux qui s'en vont à l'église

Faire bénir leur union

Et se lier avec dévotion !

Vers la paisible vache ils s'acheminent vite,

Car la Grenouille veut s'unir très saintement,

Elle aime l'eau, même bénite :

Elle suit son tempérament ;

Puis les mœurs sur ce point sont des lois souveraines.

Le Rat pensait tout autrement,

Lui, l'ami des sols secs et des hauteurs sereines :

Par lui-même approchant du souverain des cieux,

D'eau bénite et de prêtre il est peu soucieux.

Enfin, devant la Vache, en tenant les mains jointes,

Le couple se prosterne ! Avec son grand œil doux

Celle-ci les regarde, et sur nos deux époux

De son museau sonore elle souffle ! Les pointes

Des herbes d'alentour s'inclinent, seuls témoins

De l'acte solennel de nos heureux conjoints.

La bénédiction ainsi leur fut donnée,

Et l'on célébra l'hyménée.

On se disait de brûlantes douceurs ;

On s'aimerait toujours ! et leur vie, oubliée,

Heureuse coulerait : c'étaient deux âmes sœurs !

Au fond Rat et Grenouille ont la patte liée,

Tandis que la Nature en eux rentre au galop.

La Grenouille sous l'eau, dans les bois le Mulot,

Brûlent de retourner, et leur âme, ennuyée

De vivre en un milieu qui ne lui convient pas,

Les pousse en sens divers ; ils se trouvent fort las

  Et fort mécontents l'un de l'autre.

  Double personne en qui je vois la nôtre :

Ce Moi, qui n'est pas moi, qui tire l'autre en bas,

C'est le corps, la Grenouille aux marais coassante ;

Il lui faut ses ébats et son eau croupissante ;

Elle retombe à plat après maints et maints sauts,

  Et, tandis que l'âme fait l'ange,

  Elle l'entraîne dans sa fange :

C'est la lutte d'un Dieu mangé des vermisseaux.

TOUT SE TIENT

A peine du Cheval la conquête était faite
   Que sous l'Onagre un Ane se montrait,
C'est-à-dire une bête achevée et parfaite :
A son libre désert le niais préférait
   Le picotin d'avoine fraîche !
Le honteux esclavage à ce point nous allèche,
Parce qu'il s'offre à nous paré d'un peu de fleurs :
Ici le picotin, les hauts emplois ailleurs !
   Du règne animal c'est la plaie !
   L'indépendance nous effraie
   Avec son pain si peu certain, si dur ;
   Le ventre veut et du tendre et du sûr !
   En le voyant entrer dans l'écurie
Encor libre de frein, front haut, mine fleurie,
Le Cheval, un peu tard instruit par le malheur,
   De son grand œil tout voilé d'un long pleur
   Qui sur le sol tombait à larges gouttes,

Arrêta le torrent, frémit, et sans nuls doutes

    Dit à l'Ane qui, piaffant,

Faisait sonner sa corne à son pied triomphant :

« Le présent, qui te rit, cache un avenir sombre ;

Bientôt sur toi, vivant, pleuvront des coups sans nombre,

Et de ta peau, vieux bête, on liera ton enfant. »

O solidarité, partout l'on voit ta trace !

Le Cheval se vengea ; l'Ane eut son picotin ;

    Mais, par la loi fatale du destin,

Au servage tous deux ils livrèrent leur race.

LA LYRE ET LE CLAIRON

Une Lyre, en nos camps par hasard emportée,

Près d'un rauque Clairon se trouva rejetée,

Et, tremblante, lui dit : « Fuyons, frère, fuyons !

    Entendez-vous le choc des bataillons,

Et voyez-vous les rangs plier sous la mitraille !

Tant d'hommes moissonnés ou gisants sur la paille,

Tant de cris, tant de sang, me déchirent le cœur !
— Ma sœur, dit le Clairon sur le ton d'un vainqueur,
A vous les chants d'amour, mais à moi la bataille !
Sans honte vous pouvez de nos rangs déserter ;
Moi, ma place est ici, je ne la puis quitter ! »

Ne nous fourvoyons point sur les traces des autres :
Chaque tempérament veut un certain milieu.
Appliquons-nous à voir les chemins qui sont nôtres :
Tel nous mène aux combats, tel nous élève à Dieu,
C'est-à-dire à la paix, à la douce harmonie,
A l'amour ! C'est la Lyre à mainte corde unie.

LA CHÈVRE ET LE CHEVRIER

Qui de nous, certain jour, n'a rencontré Blanchette
La Chevrette
Errant à travers le hameau ?
Son col blanc comme neige anime une clochette,
A son menton pend une barbichette,

A sa rose mamelle un grandelet chevreau ;
Pour son front il est fier de son double rameau,
 Mignonnette coquetterie
 De nos dames de bergerie,
Mais redouté blason ailleurs, sous d'autres toits :
Cerfs dix-cors, entre nous, n'habitent-ils qu'aux bois ?

Mais pourquoi m'égarer en ces propos futiles ?
Je dois imaginer quelques récits utiles,
Et non point exprimer quel est mon sentiment
 Sur la Chèvre ou tel autre objet charmant
 Dont la vue offre une frappante image
 Du sexe beau, mais fort volage.

La Muse fait parler le poète à son gré !
Il n'est règle qui tienne, il n'est genre sacré
(Quand l'inspiration le saisit) dont la borne
Puisse rester debout comme un Dieu vénéré.
Puis, voyez-vous, la Fable, — un genre nu, que n'orne
A l'origine rien, — demande un peu partout
Qu'on lui prête, disant : « A la saison nouvelle

Je vous paierai... peut-être, ou... pas du tout ! »
Qu'importe ! chaque sœur a compassion d'elle :
La *Satire* lui prête un trait malicieux ;
La *Comédie* accourt, et d'un vers gracieux
Fait parler les acteurs novices de son drame ;
La *Pastorale* met son plus fin chalumeau
Aux lèvres de la belle et joue un air nouveau ;
Puis, le *Conte* aux récits vient ajouter sa trame,
Son esprit, son tour et sa flamme,
Et tout alors succède au mieux :
Parée ainsi, la Fable est plaisante à nos yeux.
De me blâmer donnez-vous donc bien garde,
Ami lecteur, avec qui je bavarde
Depuis un grand quart d'heure ! Enfin, je vais finir,
J'ai fini ! Je brûlais, savez-vous, de venir
Au fait.

Un Chevrier, roi de la roche nue
Et proche voisin de la nue,
Avait le cœur fort dur : à vivre isolément
Et dans un tel milieu, l'âme insensiblement

Durcit ! Ainsi le veut la loi de l'harmonie.

De son bâton, un jour, il frappa tellement

La pauvre Blanche, à son gré trop hardie,

Qu'il lui rompit un bois, son plus cher ornement.

Veuve d'une corne, Blanchette

Vers l'étable marchait d'un lourd et triste pas ;

Alors le Chevrier : « Tout péché se rachète,

Blanche, et je sais de ce côté là-bas

Un feuillage d'osier bien amer et bien gras,

Caché dans un ravin qu'une onde pure arrose ;

Il est à toi ! mais jure par ce thym

Que sur notre accident ta bouche sera close,

Ou qu'elle accusera quelque hargneux mâtin.

Ah ! ma petite chevrette

Si leste, si mignonnette,

Je te soignerai bien, crois-moi, soir et matin ;

Mais garde-toi de rien conter au maître !

— Oui, ma bouche saura demeurer close, ô traître,

Répondit Blanche, oubliant sa douleur ;

Mais sache que par moi ton offre est méprisée ;

Qu'en vain je me tairai, que ma corne brisée

A tous les yeux dira ton forfait, mon malheur ! »

Peuples martyrs, en vain on vous oppresse,

En vain de la patrie on brise le lien,

On détruit ce précieux bien !

Contre un fait lâche, une action traîtresse,

Le mal commis élève une indiscrète voix ;

Puis l'histoire survient qui raconte le crime ;

Alors, s'il est des dieux, s'il existe des droits,

La Pologne se lève, et, dans un jour sublime,

Quatre-vingt-treize encor peut tonner sur les rois.

LE COQ ET LES CHATS

« Comme les sots, j'ai souvent bouche ouverte,

Je suis trop lourd, trop gras et trop fêté ;

Enfin j'ai trop, trop de sécurité,

Et la sécurité nous mène à notre perte ! »

Ainsi parlait un Coq ; c'était un mardi gras,

Et notre beau diseur, de plusieurs peaux de rats

S'étant vêtu, jouait un personnage

Peu sage

Et qui démentait fort son très prudent langage :

Il se faisait porter par deux énormes chats.

« Des chats ? me dites-vous ; l'idée est singulière

Vraiment ! » Oui, mais Phèdre affirme le cas ;

Ces Messieurs du haut poil le portaient en litière,

Dit-il, à travers champs promenant leur fardeau.

Que voulez-vous ? le carnaval excuse

Plus d'un égarement ! Faut-il pas qu'on s'amuse !

C'est si triste la vie ! et dans la même peau,

Et sous le même poil et dans la même plume

Être toujours, toujours ! Ah ! l'ennuyeux costume !

Notre Coq déguisé chantait, faisait le beau,

Lorsqu'un chapon, voyant sa marche triomphale,

Lui dit : « Quelle mine amicale

Autour de toi font ces gens-ci !

Quant à moi, connaissant à l'espèce animale

Griffes et dents, j'aurais quelque souci

Aux pattes de velours de me fier ainsi ;

Ces masques patelins trahissent une joie

Comme si, loin d'un faix, ils portaient une proie. »

Le Coq remercia monsieur le conseiller ;

Mais, suivant une mode, hélas! trop ordinaire,

Du conseil fit tout le contraire;

Il en rit, bâilla, puis se mit à sommeiller.

La bravade coûta cher à la sotte bête!

D'en bas messieurs les chats avec un œil bénin

Couvaient leur proie, et d'abord qu'on eut faim

On étrangla le Coq : ainsi finit la fête.

LA DANSE DES MOUCHERONS

Des Moucherons, arrière-descendants

De ceux qui dans l'Égypte, un jour, vinrent en foule

Inondant tout, mettant tout sur les dents,

Menaient entre eux, dans ce fluide moule

De lumière et d'azur qui roule autour de nous,

Une danse où l'aile légère

Formait, unie à l'aile, un de ces pas fort doux,

Mesurés, cadencés, que nous n'observons guère.

L'horizontalité n'était point dans ce pas,

Car il allait de haut en bas,

Alternant, se mêlant, sur un rythme céleste.

Du reste,

Un Pythagoricien seul eût pu percevoir

Par son oreille faite aux musiques des sphères

De ces ailes le bruit plein de charmants mystères.

De temps en temps passait, et sans qu'on pût la voir

Tant elle allait d'un vol rapide,

La noire Mort au bec avide,

L'hirondelle trouant les épais bataillons,

Qui reformaient leurs rangs et reprenaient leur danse,

Ainsi que des humains tout pleins d'insouciance

Quand tombe un rang d'entre eux sur les sombres sillons.

Dites au pessimiste : « Il faut vivre quand même !

Le devoir, la justice, ont en nous leur problème ; »

Il vous alléguera mes petits moucherons

Sous cette loi du mal qui régit toutes choses

Succombant, innocents comme le sont les roses,

Comme la beauté vierge et les plus divins fronts !

LE BAUDET TROMPETTE

D'un noble état-major un Ane empanaché
Faisait partie (est-il de tels sots portant arme?
Qui sait?) Un jour, il fut dans les bois détaché
Pour répandre sa voix, je veux dire l'alarme.
Le gros du bataillon tenait les défilés;
En tête, le Lion, calme, ferme, terrible,
Attendait. Les longs cris des oiseaux envolés
Annonçaient les effets de la tempête horrible,
    Par les échos grossis et centuplés :
Jupiter en tonnant n'eût pu se faire entendre!
Mais tout se tait soudain; vous croiriez voir descendre
Du faîte au pied des bois un silence effrayant :
    Plus d'âne, ou mieux plus d'animal brayant!
Qu'est-il donc arrivé? La peur saisit l'armée;
Elle fuit, entraînant son général, qui veut
Arrêter les fuyards dont l'oreille est fermée
Par le dieu Pan, ce dieu contre qui rien ne peut.

Or, pendant la panique, il se tenait dans l'ombre,

Tout au fond des forêts, un dialogue sombre :

« Tu mourras ! — Qu'ai-je fait ? répliquait une voix

Qui trahissait assez un antimélomane.

— Tu mourras, misérable épouvantail des bois,

Et sous peu ! » dit un Tigre. Alors, tremblant, notre Ane,

Bien qu'il sentît qu'il avait quelque tort,

Reprit : « D'où vient qu'on me condamne ?

Quel mal donc ai-je fait pour mériter la mort ?

— Toi, dit le Tigre, toi, tu te plains de ton sort !

Mais ne cherchais-tu pas de ta voix scélérate

A nous effrayer tous, pour nous faire courir,

Glacés d'effroi, sous la sanglante patte

De ton roi rugissant ? Il te faut donc mourir ! »

Combien il est d'ânes de cette espèce

Faisant le mal, mais indirectement !

On s'en saisit, puis on vous les dépèce :

Tel est leur châtiment !

Mais les malins, nos meneurs politiques,

Se servent d'eux pour les luttes publiques,

Essayant d'attacher par leurs mains le grelot,

Et ces grands criminels échappent aux tempêtes,

Parfois sont rois, tandis que les baudets-trompettes

Presque toujours finissent au cachot ;

Souvenez-vous, baudets, que tel est votre lot !

LE COQ ET LA PERLE

Qui n'aime à voir sur un fumier fumant

Se dresser un beau Coq à la crête hardie !

Il jette en l'air une note applaudie

De tout le peuple, en bas, qui glousse doucement

De son œil plein de feu, de sa patte nerveuse

Il fouille le tas de fumier,

Et lorsque par hasard, oh ! la trouvaille heureuse

Une perle apparaît, il est tout le premier

A l'annoncer à sa troupe femelle,

Qui vers le Coq s'élance à tire-d'aile.

Ce fumier, c'est ton livre, pauvre auteur !

Et dans le Coq tu vois un critique à sa tâche,

Plein d'espoir et d'ardeur,

Qui de l'ongle et du bec, et sans nulle relâche,

De tes écrits cherche en la profondeur

Pour l'offrir au public une divine perle :

Mais qu'il est rare, le blanc Merle !

LIVRE V

——

LES DEUX TAUREAUX

Sous le joug deux Taureaux se sentirent liés   —
Et regrettèrent la prairie
Où leurs jours indolents s'écoulaient oubliés;
Mais un vieux champ rongé par la ronce et l'ortie
Sentit sous leurs efforts se déchirer ses flancs,
Et des sillons de cette terre aride
Bientôt une moisson splendide,
S'élevant dans les airs, sourit aux Taureaux blancs.

Et vous aussi, qu'au-dessus de tout j'aime,
Vous, chère moitié de moi-même,
Sous la rime accouplés, allez, mes jeunes vers,
Et puissent vos labeurs par les champs de l'Idée,

Où mainte terre attend d'être encor fécondée
Pour porter au printemps de beaux chalumeaux verts,
Faire naître des fruits dans les sillons ouverts !

LE CHÊNE ET LES ROSEAUX

N'étiez-vous pas agneaux, cigales,
Avant d'être nos dieux, ô poètes charmants,
Vous dont les voix plaintives, inégales,
Résonnèrent pour nous sous les bleus firmaments ?
Gilbert, Moreau, Gérard, ombres chéries,
Ne le déniez plus, c'était vous, ô génies,
C'était bien vous, cachés sous l'habit d'autrefois,
Celui des dieux en fuite et des sombres histoires !
Quand le Destin frappait sur tous, en ces nuits noires
Où du frêle innocent on étouffait la voix,
Vous, vous viviez petits, et vos voix toutes grêles
Ou chantaient ou bêlaient, agneaux ou sauterelles ;
Vous étiez sans appui, pauvres chétifs roseaux !
La Fontaine le sut ! De ses plus fins pinceaux

Il voulut retracer la navrante épopée

De votre vie errante et sans franche lippée ;

Mais, tous en chœur, vous répondez : « C'est bien,

Bon fabuliste ; allez, nous ne craignons plus rien !

Nous prévoirons, plîrons, fuirons toute équipée ;

Agneaux, nous nous tiendrons près des chiens du berger ;

Roseaux, nous saurons bien sous le vent nous ranger,

Et nous aurons du grain tout en restant cigales ! »

Le bonhomme vous croit, et se prend à songer.

Regardez, il écrit... et des voix sans égales

S'élèvent sous sa plume en tons vifs et moqueurs ;

Aux coups du vent pliez, pliez, et le grand Chêne

Va succomber ! Victoire à vous ! Mais en tombant

L'Arbre vous dit : « J'expire, et vous, un front courbant

Vous a garés, Roseaux, des fureurs de l'orage ;

Quant à moi, mon grand cœur exigeait davantage ;

J'ai résisté ; je meurs content ! »

Et, comme il dit ces mots, du plus haut de son faîte,

Ainsi qu'un tonnerre éclatant,

Le grand Chêne s'abat et vous brise la tête !

Cette fin, gardez-vous jamais de l'oublier !
Quoi qu'en ait dit le Maître, évitez de plier.
Fi des roseaux, poëte ! Une lutte âpre et fière
Appelle un beau triomphe ou quelque mort altière.
Racine, le roseau, plie et meurt en pliant ;
Corneille, le vieux chêne, expire en souriant.

LES TULIPES

Des Tulipes s'ouvraient ; de ses regards avides
Une charmante enfant les convoitait ; mais, las !
A peine elle les eut qu'elle les jeta bas :
« Ces fleurs ne sentent rien, dit-elle ; elles sont vides ! »

Vive image des cœurs ingrats
Et de tous les Fanfans qu'on farde et qu'on pommade.
Ils font les jolis cœurs, mais ce n'est que parade :
L'intérieur est vide, et les instincts sont bas !

LES CHAPONS

Aux portes d'un sérail (peut-être est-ce un couvent
Que l'historien voulait dire)
Des Chapons se tenaient au frais, le bec au vent,
Gras à lard, tout heureux de n'avoir nul empire
Sur les poulettes du canton.   —
« Ah! quel bonheur d'être chapon! »
S'écriaient-ils en chœur mainte fois la journée.
Des coqs se battaient-ils, et d'une âme obstinée
S'écrêtaient-ils le front, se crevaient-ils un œil,
Et vainqueurs ou vaincus, chantaient-ils par orgueil,
Nos Chapons murmuraient: « Quelle affreuse existence
Mènent ces coqs tout pleins de turbulence!
Ah! quel bonheur d'être chapon! »
Une poulette un peu volage
Pond,
Mais parle-t-on
Du vrai père de l'œuf, voici maint bavardage

14.

Où l'on dit qu'elle fait son pauvre coq... coqon !

    « Ah ! quel bonheur d'être chapon,

Puisqu'on n'a pas les soucis du ménage !»

Répètent, en un chœur nourri, nos fainéants,

Tandis que, chaque jour pénétrant dans leur cage,

    Le cuisinier vient éclaircir leurs rangs.

Voilà d'un peuple esclave une réelle image :

Mieux vaut la liberté, ses coqs et leur tapage.

LE CLOU

    Deux jeunes gens, deux frères,

    Usaient de méthodes contraires

Pour atteindre le but de leur ambition :

    C'était d'entrer dans quelque haute école

D'où l'on sort assuré d'une position

    Des plus belles, sur ma parole !

    On est là, comme au régiment,

    Embrigadé par le gouvernement,

Qui vous offre à manger dans sa vaste gamelle ;

Puis vous tetez sa grosse et rougeaude mamelle ;

Aussi vous donne-t-il beaucoup d'avancement

Pour vous être conduit si courageusement.

Tous nos *Tunicati*, nos Képis algébristes,

Sont ses enfants, connus de lui grâce à des listes !

L'un des frères pensa réussir au concours

En travaillant tout seul et les nuits et les jours.

Il lut quantité de volumes,

Usa papier et plumes

A foison ! L'autre eut soin de moins veiller,

Et trouva l'art de travailler

En discutant tantôt avec son maître,

Tantôt avec un camarade ou deux ;

Il contestait ceci, là posait un peut-être,

Et surtout s'éclairait sur les points épineux.

O ripostes des uns ! ô mais, ô si des autres !

Emportements, éclats de voix,

Déroutes bien souvent et victoires parfois,

Combien vous différiez des tristes patenôtres

Que débitait tout monotonement

L'autre frère reclus dans son appartement !

Aussi, quand l'examen vous mit sur la sellette

Nos jeunes gens, la déroute complète

Fut pour le moine, et l'autre triompha.

De sa mémoire il décrocha,

Comme on décroche un tableau d'une voûte,

Chaque problème à son cerveau sans doute

Cloué par tel ou bien tel incident ;

Geste ou voix, victoire ou déroute,

Était le clou qui le tenait pendant.

LA LIMACE ET LES ABEILLES

Le faible ingénieux à force d'industrie

Souvent a triomphé d'un ennemi puissant ;

Je vais conter un trait où l'insecte défie

L'homme de surpasser son travail saisissant.

Une Limace, un jour, par le miel alléchée,

Dans une ruche entra lourdement, mais sans bruit,

En voleuse, au sein de la nuit.

Quand de miel elle eut pris mainte et mainte bouchée

Et qu'il fallut sortir, qui fut bien empêchée ?

Ce fut notre voleuse ! En vain, traînant son vol,

Je veux dire son ventre, empli de suc, lourd d'âge,

Un ventre rebondi, gluant, lustrant le sol,

Elle tenta de fuir par les trous du treillage :

Ils étaient devenus trop étroits, grand dommage !

      « Pourquoi, dit-elle, être venue ici ?

Ce réseau, c'est un piège ; il s'est fort rétréci

      Depuis mon entrée en la ruche ;

      Je suis tombée en quelque embûche ;

      Préparons-nous à lutter sans merci !

Si j'en réchappe, ô dieux, vous aurez des hosties ! »

      Bien à regret il lui faut donc rester

Prisonnière, au pouvoir de milliers d'ennemies ;

Les Abeilles déjà n'étaient plus endormies,

Le jour apparaissait ! Elle cherche à lutter ;

Mais sous les mille dards, malgré sa lourde masse,

Et sa bave, et sa graisse, et de puissants efforts,

      Elle succombe, et laisse là son corps.

Pour son âme, elle alla, s'élevant dans l'espace,

Où ? Qui le sait ? Qui sait où nous allons aussi ?

Mais le point de ma fable au fait est celui-ci :

La Limace était morte, et personne du reste

Ne pouvait espérer

Au dehors la sortir ; il fallait l'enterrer

Cependant, ou son corps devenait une peste,

L'ennemi mort rendant un air empoisonné,

Malgré le mot que dit sur le champ de bataille

Cet empereur romain, plus fort sur la mangeaille

Que sur les sentiments dignes d'un cœur bien né.

Donc dans la ruche on crie, on cherche, on délibère ;

Enfin la reine parle : « A quoi bon tant de cris ?

Dit-elle ; il faut, au lieu de terre,

Couvrir ce corps de cire. » A peine a-t-on compris

Que, sans retard, d'un beau zèle animée,

Volant, allant, venant des pins aux sauvageons,

Chaque abeille butine une pâte gommée,

Douce, onctueuse, une glu de bourgeons,

Et la Limace est là, de résine voilée,

N'émettant nulle odeur sous son doux mausolée

Et n'exposant la ruche à nul danger.

Cet acte ingénieux [1] te fera-t-il songer,

Philosophe entêté, qui défends à la bête

Tout partage commun de l'âme et de la tête

Entre elle et nous,

Qu'en vain ton siège est fait, que les Vertots sont fous !

LA CHAUVE-SOURIS

RÉPONDANT A LA SOURIS ET AU PINSON

« Sotte souris, je n'ai pas d'ailes, dites-vous ?

Hé ! vous n'y songez pas ! Vous regardez mes pattes !

— Oui, vous êtes souris, portant poil comme nous !

Dit l'autre. — Ah ! que nenni ! je me moque des rates !»

En achevant ces mots, notre fausse souris

Déploie une aile fauve et vole en conséquence

---

1. Le fait est authentique; des savants contemporains l'ont ra-
conté et certifié.

Au nez de sa voisine en lui lançant des cris

  D'une fort moqueuse éloquence.

 Passe un oiseau qui lui dit sans façon :

« Rentrons vite en nos nids, déjà le soir s'avance,

Ma sœur. — Moi, je n'ai pas de plumes, beau Pinson,

  Pour être mise en votre bande.

Et puis, regardez bien, comme vous ai-je un bec ?

  Un coup de vent rapide et sec

M'a lancée en l'espace à ma surprise grande ;

Mais sur le sol je vais retomber à l'instant. »

  Qui de nous ne tient ce langage ?

Notre nature mixte et notre être hésitant

   Le favorisent tant !

Vous me dites esprit et me traitez en ange,

  Tout aussitôt, moi, je m'en venge

En vous disant : « Non pas ! je suis matière et corps ! »

Mais voilà qu'un intrus, tout bouffi d'ignorance,

Prétend que l'homme est tout ce qu'on voit du dehors,

  Et d'un coup d'aile à son nez je m'élance,

Au travers de l'azur, jusqu'aux célestes bords.

LE LOUP, LE CHIEN ET LE CHAT

Le Loup vantait au Chien ses grands bois et l'état

De vie indépendante. — Ainsi qu'un potentat,

On avait liberté d'agir à son caprice ;

    On exerçait ce droit à tout

Qui, selon Hobbes, rend l'homme semblable au loup.

Mais le Chien répliquait, comme un prudent Ulysse,

Que le foyer avait du bon, qu'il n'était rien

De tel que de manger et de faire bombance.

De la chaîne cela vous consolait fort bien :

Toujours la faim allait avec l'indépendance.

Le débat eût duré mille et mille moments

    Sans que l'un ni l'autre adversaire

Eût reconnu le bien fondé des arguments

    De son confrère,

Lorsqu'un Chat, survenant, pour juge fut choisi.

Des pièces du débat ayant été saisi,

La raison par sa bouche exprima cet oracle :

« Sire Loup aux flancs creux, il est un grave obstacle

Pour que l'on vous approuve : insociable en tout,

Vous vivez, ma foi, comme un loup.

Vous, Chien, animal bas, servile,

Qu'un intérêt de gueule attache à la maison,

Quelle société digne de ce beau nom

Présentez-vous? Et puis, quelle vie incivile

N'offrez-vous pas aux yeux des autres animaux?

Si par la faim se roidissent les dos,

La servitude assouplit trop l'échine.

Vous aimez votre maître, il faut aimer la loi.

Ainsi donc, selon moi,

Tous deux vous faussez la machine

Qu'on nomme en certains lieux la Constitution,

D'où dépend le bonheur de chaque nation. »

Ce Chat raisonnait bien, lui, la vivante image

Du caractère indépendant,

Et cependant

Tenant à la maison où s'écoule son âge,

La délivrant des rats ainsi que des souris ;

Implacable ennemi de tous les ronge-mailles,

Des perce-trous dans les murailles,

De tout ce qui ferait des contrats des débris [1].

---

1. Voici ce qui m'a inspiré cette fable. Entre le loup, animal
sauvage, insociable, et le chien, type de la servilité, il y a un écart
tel que l'entre-deux, chez La Fontaine, reste vide et libre pour l'in-
troduction d'un troisième personnage. Bien vite je songeai au chat,
animal fort indépendant, puisqu'il ne s'attache pas d'ordinaire au
maître du logis, mais au logis lui-même. De ce fait, il est donc
l'ami, j'allais dire l'âme, de la maison, une sorte de *genius loci*.
Transportez cette conception de la vie animale à la vie civile, humaine, et vous verrez que le chat est le symbole vivant, le véritable ami et le représentant de la constitution, de la loi, autant
qu'il est l'ennemi des souris, des rats et de toutes les bêtes des-
tructives de l'édifice social. Ainsi, avec cet animal, l'élément républicain, la personnification de l'ordre légal était trouvé. Avec le
chat, la société, une société digne de ce nom, pouvait se consti-
tuer, vivre et prospérer. Voilà comment j'ai été conduit à refaire, au
point de vue de la moralité, la fable si belle, si supérieure, de notre
La Fontaine, fable qui m'a paru antisociale, soit qu'on veuille
imiter le loup, soit que de secrètes attaches nous tirent du côté du
chien. Tient-on à rester loup, on s'enfonce dans les bois, on fuit,
« on court encore » ! Mais veut-on, d'autre part, rester chien, on
retourne bassement à sa chaîne et à sa pitance : cela répugne.
Ainsi, des deux côtés, la vie sociale est impossible. Au point de
vue historique français, le loup, à la rigueur, pourrait représenter
la plupart de ces jacobins farouches que l'idée de l'indépendance
poussait graduellement à devenir ombrageux, terribles, sauvages:
ils *assauvagissoient,* pour me servir d'un mot énergique de notre
vieille langue. Le chien, par contre, ferait songer à ces êtres, âmes
liges des despotes absolus, et ce type subsiste encore parmi nous.
Ce bas serviteur des monarchies reçoit du maître des caresses en-

LA ROSE ET LE GRATTE-CUL

Chez nous on t'a chantée, ô Grèce, et Delavigne

Ne fut pas des derniers! S'il dut forcer le ton

Pour atteindre au sujet avec son barbiton

Normand, qu'importe! il est de renommée insigne

Qu'il célébra ton peuple au temps jadis si grand!

Ses accents, disait-il, venaient de Messénie;

Le mont Ithôme, un jour, tint donc lieu de génie,

Et plus d'une oie alors, en cygne s'y montrant,

De ses chants nasillards vint égayer la presse;

Le Français s'enflamma pour ton sort, noble Grèce,

    Tombée au plus infime rang

Depuis que, reniant ton libre paganisme,

    Dans le bénin christianisme

D'où sortirent bientôt ces formules de fer

---

tremêlées de coups de bâton, ce qui lui profite de toute manière.
Quant au chat, qui n'a reconnu dans sa personne le fédéraliste,
le pur girondin, l'ami d'une vraie constitution républicaine?

Où se lit : « Hors de moi point de salut ! l'enfer ! »

Où, sous ombre de foi, germe le fanatisme,

Tu trébuchas, perdant l'esprit de l'Hellénisme.

Aussi plus d'un penseur, même après Navarin,

Du progrès de ton peuple était-il incertain.

   Or l'un d'entre eux, homme caustique,

Exprima son avis en fable satirique

   Dont je respecte la leçon,

Y mêlant toutefois des traits de ma façon.

« Quand la rose n'est plus, et qu'un vent froid se lève,

Dit-il un jour, fleurs et feuilles, ainsi qu'un rêve,

  Roulent à terre après de vains efforts.

Les rouges Gratte-culs se montrent tous alors !

C'est l'hiver : ils sont rois ! Fiers de leur face grasse,

Ils se donnent des airs d'effrontés parvenus,

  Se pavanant sur leurs tiges sans grâce

Ainsi que s'ils étaient des boutons de Vénus !

En l'absence des fleurs ces valets de parade,

   De la scène ont les hauts emplois,

   Et certes cette mascarade

Durerait encore, je crois,

Si d'en bas, au printemps, une humble Violette,

Tout doucement levant la tête

Vers ces messieurs sans parfum, sans vertu,

Ne leur faisait sentir qu'ils sont bien peu de chose,

Puisque le fruit qui succède à la rose

A l'affreux nom de gratte-cul! »

Ceci soit dit, belles, sans vous déplaire ;

Mais quand vos fleurs, sous le souffle sévère

Des ans, tombent à bas,

Considérez ce qui vous reste. Hélas !

Il n'est si belle rose un jour qui ne devienne

Vieux gratte-cul ridé par les frimas !

L'univers même en fleur n'a rien qui le maintienne ;

Il gratte culera, j'en suis bien convaincu,

Et nul ne revivra comme il avait vécu.

Voilà pourquoi l'Hellade est à la Grèce ancienne

Ce qu'à la jeune rose est le vieux gratte-cul,

Et ce qu'à l'Idéal avec son divin charme

Est la triste Réalité :

Rose, le Chevalier ; Gratte-cul, le Gendarme,
Voilà l'histoire en vérité !

CUPIDON ET VÉNUS

Vénus au bord de l'onde amère
Après le bain se peignait. « Mère,
Dit Cupidon, que vos cheveux sont longs !
Vraiment, sans hyperbole,
Si je vous les tirais, ils iraient aux talons ! »
Et, comme les enfants, il joint à la parole
Aussitôt l'action.
Les cheveux opulents de la blonde déesse,
Que ramenait sur eux mainte ondulation,
S'allongent sous l'effort de la main qui les presse
Et les tire avec art, doucement, jusqu'en bas.
Vénus regarde avec tendresse
Ce jeu du petit dieu qui charme ses ébats,
Et, remarquant qu'il est plus d'une tresse
Dont le bout touche au sable sinueux,
Son cœur de femme en est tout glorieux.

Par la pratique seule ainsi se justifie
La vérité de toute théorie.

VÉNUS

ET LES DEUX JEUNES GENS

Voyant passer Vénus, deux jeunes gens imberbes
Se prirent à soupirer,
Mais elle, la déesse aux épaules superbes,
Au loin les fit retirer.

Jeunesse, tu voudrais, comme cette Immortelle,
Ne connaître des jours que le côté riant,
Te créer une vie insouciante et telle
Qu'un sentier tout en fleurs, où le Plaisir bruyant
Court et prend les grelots de sa sœur la Folie,
Et gaîment à son cou les lie !
Jeunesse, il n'en va pas ainsi ;
Quitte ce vain espoir ! La vie est un souci
Cuisant, que le travail adoucit par la suite.

Sois homme et marche droit! Le bonheur aux pas lents
Viendra te visiter, si, ferme en ta conduite,
Tu méprises ces temps
Où, dévorant tes rapides instants
En parasite,
Tu tendais à Vénus ta carte de visite.

Mais, dira-t-on, pourquoi Vénus,
La mère des Cupidons nus
Et des tendres ébats, prit-elle un front superbe
Pour faire retirer et l'un et l'autre imberbe?
Par hasard d'elle étaient-ils donc connus?
Voulait-elle du bien à leur tendre jeunesse?
Non; mais Vénus n'aime pas la faiblesse.
A défaut de Vulcain ou du terrible Mars,
Au vertueux Anchise alors elle s'adresse,
Non pas à vous, enfants sans force, aux airs blafards.
De vous que ferait-elle? Une simple bouchée!
Or, votre infirmité l'ayant toujours touchée,
Elle vous met en fuite, en son divin courroux,
De ce même œil qui fait tout tressaillir en nous.

L'ARAIGNÉE, LA FOURMI

ET L'ABEILLE

La fable, dites-vous, n'est qu'une comédie ?

Je ne vous comprends pas très bien :

Car comptez-vous pour rien

Ces dénoûments où de la tragédie

Paraît le fond sombre et sanglant,

Où des Calchas à quatre pattes,

Sur quelque Iphigénie à travers champs bêlant

Aiguisant leurs dents scélérates,

Font les blanches toisons devenir écarlates,

Ou qui, sur un baudet exerçant leur talent,

Se font des saucissons à l'âne,

Contre la peste et la cruelle faim

Remède vraiment souverain ?

Le drame est donc partout, car partout on profane

Cette chose sacrée, un être, un cœur, un front,

Une personne enfin ! Nul n'évite l'affront !

Nul n'échappe à la force, à la ruse, à l'injure,

Et la fable le sait ! De là cette mixture

Divine qu'elle glisse au beau moment des pleurs :

C'est le rire serein qui calme les douleurs !

Il vient, médicament de l'âme où la tristesse

Régnerait sans partage au choc de ce qui blesse

Sa haute dignité, tant le drame est cruel !

C'est le bon sens fait homme, et battant le rappel

Du devoir qu'on fuirait quand l'idéal nous presse,

Quand nous vivons en Dieu dans l'éternelle ivresse !

Alors, rasséréné, l'on se dit sans effroi :

« Je ne suis pas un dieu, mais j'en porte un en moi ! »

Et par là l'on revient à la juste mesure ;

On songe aux lois de fer qui courbent la nature,

Et l'on prend, résigné, le sentier du devoir...

J'en étais là, quand un insecte noir,

Une Araignée, en sa toile s'avance,

Tout doucement d'abord, et puis soudain s'élance

Sur une humble Fourmi que l'amour, par malheur,

Ce saint désir, universelle flamme,

A voulu rendre aimable, elle, enfant du labeur.

Elle est nymphe en ce jour, et l'on sent que son âme

D'amour frémit avec l'aile qui bat

Son petit corps tremblant pris dans le noir grabat.

« Grâce, dit-elle, ô ma bonne Araignée,

Je ne suis pas un moucheron !

Ma mère étant fourmi, moi, fourmi je suis née.

Sans l'amour, je serais restée en ma maison.

De venir empiéter sur vos hautains domaines

Jamais je n'ai songé : le sol voit seul mes peines ;

C'est là que je travaille ; au sol rendez-moi donc. »

Mais, sans entrailles, sans pardon,

L'insecte ténébreux retenait sous sa patte

La pauvre travailleuse et la suçait en hâte.

Une Abeille, morceau plus gras,

Bientôt après tombe en ses lacs.

Pas de supplique ici, mais une lutte sombre

Entre elles s'engage dans l'ombre.

L'Abeille en vain pense user de son dard :

Le noir filet la tient de toute part !

Elle succombe ainsi que Fourmi l'empirique

Sous le suçoir de dame Scholastique,
Et la Raison en fut pour mille ans de retard !

De ce drame métaphysique
  Lord Bacon, comme dit l'Anglais,
Dénonça les acteurs ; leur lutte pathétique,
  Montra l'araignée aux flancs laids
D'elle tirant sa toile, affreuse Pénélope,
  Où, sans relâche, elle enveloppe
Abeilles et fourmis, le cœur et la raison,
Suçant, desséchant tout dans sa triste prison.
Sur tout le moyen âge elle étendit sa trame !
Dieu nous garde à jamais du retour de la dame,
De ses bûchers, de tout son attirail infâme,
  Qui donne encore aujourd'hui le frisson !

LE COQ QUI SE VANTE

Un vieux Coq, tout dépenaillé,

Tout transi, réchauffait ses sens glacés par l'âge

Auprès d'une poulette au vif et chaud plumage,

         Où l'œil émerveillé

S'attachait, comme on fait à quelque beau spectacle :

La poule était divine, étant poule aux œufs d'or !

Notre Coq, ainsi fait, vantait d'un ton d'oracle

Ses exploits, sa constance, et ses exploits encor,

A certain jeune coq ayant crête nouvelle.

« Depuis tantôt six mois je couche avec la belle,

         Lui disait-il, et notre amour

         Enfin d'un bel œuf l'autre jour

         Reçut sa récompense.

         C'est glorieux pour moi, je pense !

         Quant à vous, petits coqs-poulets,

Dont les ergots ne sont que des onglets

D'un rose tendre, et dont l'outrecuidance

Va jusqu'à faire le beau cœur

Et caqueter auprès de ma sultane,

Modérez mieux les feux de votre ardeur profane ;

Ma poule ne connaît que moi pour son vainqueur ! »

Pendant que notre sot disait à sa louange

Beaucoup d'autres choses encor,

Le jeune coq et la poule aux œufs d'or

Entre eux deux échangeaient un regard fort étrange...

C'est qu'un matin près d'elle il avait coqueté

L'espace d'un instant à peine,

Minute qui ne fut point vaine :

Un œuf était venu juste au moment compté.

Que j'en connais de ces coqs dont l'étude

Est de coucher vingt ans avec le même auteur,

Qui mettent sottement : « Dix ans de solitude ! »

Sur le fronton d'un livre sans valeur.

Eh ! mon ami, le temps ne fait rien à la chose !

Prends modèle sur les amants :

Ils sont jeunes et font beaucoup en peu d'instants !

Une nuit, un moment, fait éclore une rose.

GRÉGOIRE MALADE

Sagesse, tu nous viens pendant la maladie,
Et t'enfuis aussitôt que renaît la santé.

Grégoire au lit songeait : tel songe, en vérité,
Fournirait une bonne et belle comédie ;
    Mais si ma fable est applaudie,
Je jure par Molière, et Scribe, s'il vous plaît,
D'éviter la tempête et l'affront du sifflet.
Je vous tiens pour un saint, mon bonhomme Grégoire ;
Vous êtes alité ! La peur d'un prompt trépas
Fait rêver d'eau bénite, et c'est là votre cas.
Tout prend dans votre esprit comme une forme noire :
Le cabaret voisin vous apparaît en deuil ;
Le vin n'y vaut plus rien ! Vous n'avez plus l'orgueil
De votre humble métier qui vous nourrit à peine ;
Le cuir ne vous dit rien, encore moins l'aléne !
Pauvre Grégoire, allons, commande ton cercueil.

Eh, que non pas ! Il jure dans son âme

De ne plus offenser par le vin le bon Dieu ;

Il croit que ce serment est un puissant dictame

Pour raviver du corps la défaillante flamme.

Il demande de l'eau, même il en boit un peu !

Qu'elle est bonne ! Il dit vrai, car sa gorge est en feu ;

La fièvre la dessèche. Il promet à sa femme

De n'avoir plus sur elle un de ses poings levé :

Serment d'ivrogne et serment de malade !

Le lendemain survient un camarade :

« Vive le cabaret ! » Le vin était cuvé !

LE POÈTE ET L'AMANT

« Poète médisant, soutiendrez-vous toujours

Contre vous-même, en vos discours,

Que l'homme dès son aurore

Jusqu'à la tombe n'adore

Qu'un dieu, le dieu de l'intérêt ?

Que dupe est notre esprit, que sous voile discret

16.

Seul ce dieu règne au fond de toute chose,

Dans nos plus pures actions

Comme dans l'offre d'une rose

Aux jours des grandes passions !

L'amour, un amour vrai, poète pessimiste,

Est-il intéressé? peut-il être égoïste ? »

Le poète écoutait l'amant parlant ainsi.

Sa lèvre s'entr'ouvrit, et, d'un sourire triste,

Il dit au beau parleur : « Écoutez bien ceci ;

C'est une histoire vraie. Un homme aimait la lune...

— Que me chantez-vous là? Ce récit m'importune,

Cria notre amoureux ; vous vous moquez de moi?

—Non point, détrompez-vous, ce conte est une histoire,

Et vous, vous n'y voulez pas croire,

Reprit le poète, et pourquoi?

« Que le chien aime son maître,

L'agneau le champ qu'il va paître,

Et la chenille le chou,

Et le loup la bergerie,

Et l'exilé sa patrie,

Et le passereau son trou,

Comme le bœuf la prairie,

Et l'ardent chrétien sa foi,

Vous le croyez ; mais pourquoi ?

« Qu'un captif aime sa chaîne,

Qu'un aiglon aime la plaine,

Qu'un flatteur aime son roi,

Pauvreté dame Fortune,

La rousse une belle brune,

L'homme en question la lune,

Vous en doutez ; mais pourquoi ?

« Parce qu'il faudrait être ici-bas un pur ange,

Un pur esprit, un dieu, pour faire sans mélange

L'amour pour l'amour seul, l'amour sans intérêt ;

Où n'est ce lien tout paraît

Chose incroyable, ou chose étrange. »

Notre poète était (s'en doutait-il ?)

De l'avis du grand Kant, philosophe subtil

Autant que profond moraliste :

Jamais ne s'accomplit, (lecteur, le pensais-tu?)

Selon ce philosophe, un acte de vertu !

C'est un aveu bien triste

Pour notre pauvre humanité;

Mais il faut s'incliner devant la vérité.

LE PERROQUET OPTIMISTE

———

A mes amis E. des Essarts, Henri Carle, etc.

Pendant que grondait la tempête,

Un Perroquet disait : « Ceci ne sera rien ! »

L'océan faisait-il disparaître une tête :

« C'est petit mal pour un grand bien ! »

Criait le perroquet plein de son optimisme ;

Et lorsque vint son tour de périr dans les flots,

Loin d'entrevoir le mal, d'éclater en sanglots

Ou de chercher à fuir, tout à son psittacisme,

Il répétait : « Cela... cela ne... » D'achever

Le mot sacramentel il lui fut impossible :
Le crédule animal de la mer irascible
    N'avait point cru devoir se préserver.

Amis, vous demandiez à lire quelques fables,
C'en est une ; mais certe elle n'est pas de moi.
C'est le doux Florian, malgré ses airs affables,
Qui, sondant l'avenir, montrait, non sans effroi,
Mais d'un trait fort piquant et digne de Voltaire,
Son vieil et cher ami, ce que la nouvelle ère
    Portait de terrible en ses flancs.
« Cela ne sera rien ! » disaient les Royalistes
Vers l'an quatre-vingt-onze, et par nombreuses listes
Les journaux dénonçaient au peuple bleu les Blancs,
Et l'océan grondait, menaçant leurs perruques
    Et toutes les choses caduques
Que soutenait encor la pâle royauté.
« Cela ne sera rien ! » disait, fort entêté,
Ce Charles qui venait avec ses *Ordonnances*
De rouvrir pour les rois l'ère des déchéances,
Et par le flot du peuple il était emporté !

« Cela ne sera rien ! criait Louis-Philippe ;

Une émeute peut-être, ou de bruyants caquets ;

Guizot et moi nous moquons des banquets ! »

Mais voilà qu'on vous grippe

Mes pauvres perroquets !

Amis, voyant l'histoire au travers de ce prisme,

N'êtes-vous, comme moi, dégoûtés d'optimisme ?

LIVRE VI

LE COFFRE DE JEAN-PAUL

Que ce Jean-Paul Richter était original !
Il avait un grand coffre, et, sans songer à mal,
Il y précipitait ses enfants, ses pensées,
Qu'il tenait longtemps là, pêle-mêle entassées !
Excentrique bourreau, quand l'instant approchait
De publier une œuvre, alors il embrochait
Toutes feuilles portant une commune trace :
Telles ces sœurs qu'Ovide, un jour, peignit de face
Aux portes du Soleil. Sur le grand coffre ouvert
Voyez-le s'inclinant : le blanc, le bleu, le vert,
Passent devant ses yeux ; il jette, prend, rejette ;
Il trie, il assortit. Et voilà la brochette

Des oisillons charmants qui vite est au complet ;

Et lui de s'écrier : « Que ce livre me plaît !

Que ses feuillets sont beaux ! Comme un collier de perles

Je les tiens enfilés ! C'est une branche aux merles

Que mon livre où les chants ne riment d'aucun bout :

Ça n'a tête ni queue, et cela forme un tout !

C'est ravissant à voir ces oiseaux, mes pensées

Sur le même rameau sifflant, jasant, pressées !

Mais écoutez-moi bien, mignonnes que je tiens :

La broche va tourner ; ayez de bons maintiens

En face du lecteur qui piquera vos côtes,

Détachera du tronc pour l'offrir à ses hôtes

Telle aile, ou tel morceau faisandé, mais pourtant

N'offrant rien au gourmet qu'un fumet ragoûtant ! »

Ainsi Jean-Paul Richter, penché sur son grand coffre,

Improvisait un livre ; ainsi, moi-même, j'offre

Des fables, courts feuillets rattachés par un fil

Que la main du hasard a fait parfois subtil.

Ce sont fragments épars d'un immense édifice

En mes rêves construit, mais qui, par maléfice

Ou tout autre motif, ne s'achèvera pas :

Heureux qu'à la Jean-Paul je sorte d'embarras !

Que d'auteurs, sans le dire, ont agi de la sorte !

Hypocrite, mon frère, es-tu point dans ce cas ?

Si tu dis oui, que le diable m'emporte[1] !

LE MOINEAU MURÉ

Je l'ai revu le nid sous la vieille toiture,

Dans la petite ville où j'ai connu l'amour ;

Il était vide alors ! Par l'immense Nature

Avait fui l'hirondelle aux régions du jour.

Mais, au premier réveil de la saison des roses,

L'oiseau frileux est de retour ;

Il vient, et ses premières poses

Sont pour le nid tant de fois fécondé !

---

1. Je prie le lecteur de vouloir bien jeter les yeux sur le morceau de prose qui termine le volume ; il comprendra mieux ce que j'ai voulu dire en parlant de « fragments épars d'un immense édifice ».

De son œil maternel, tendre, il l'a regardé ;
Mais quoi ? D'où vient ce cri ? la mère est en alarmes !
Tous accourent ! Ainsi, lorsqu'on appelle aux armes,
    Le bataillon s'assemble, prend le rang,
Puis, chargeant l'ennemi, le culbute en courant.
Ici, c'est le Moineau, l'ennemi plein d'audace,
Qu'il faut punir ; il est tout au cœur de la place,
Dans le nid ! Il s'y tient, s'y défend, le pillard,
Le vaurien ! On l'y laisse, et puis on vous le mure
Dans ce nid qu'il croyait voler sous la toiture.

D'ici j'entends quelqu'un qui me crie : « O canard ! »
Non, lecteur, si crédule en maint cas où l'histoire
    N'est qu'une fable éditée à ta gloire.
Pausanias muré meurt dans l'antiquité ;
En l'Orient on mure encor, m'a-t-on conté :
L'hirondelle, depuis l'origine des âges,
Usait de ce moyen à la barbe des sages,
Et l'homme, un jour, a cru qu'il l'avait inventé !

PAROLE D'UNE POULE

Une Poule, entendant des coqs crier : « Berlin !
A Berlin ! » dit tout bas à son jeune poussin :
« Ma fille, ce sont là des coqs pris de démence ;
Tant qu'on n'a pas fait l'œuf, on garde le silence.
Songe bien à cela quand, un jour, tu pondras :
Fais ton œuvre : ponds, couve ; après, tu chanteras. »

L'ŒUF PUNAIS

Dans une vaste métairie
Regorgeant de tous biens de la cave au grenier,
Sans oublier la grange et l'écurie,
Même la cour, qu'un immense fumier
Encombrait, au point que l'Abondance fleurie
S'y trouvait oppressée, et que pour respirer,
Aux guichets des fenils et par mainte ouverture

Elle poussait le foin et la gerbe en liure,

On entendait glousser, et l'on voyait errer,

O coup d'œil ravissant ! quarante poules grasses

Atteintes de stérilité !

Le trop d'humeurs et l'âge ainsi frappent les races :

La pléthore y détruit toute fécondité !

Les canaux sont trop pleins, l'âme en est obsédée :

Alors tout meurt, la semence et l'idée !

On périt en ayant tout le trésor des biens !

Nos poules se trouvaient prises dans les liens

De cette abondance de graisse ;

En vain elles gloussaient et coquetaient sans cesse,

La ponte n'en allait pas mieux,

Et dans la gelinière

Notre riche fermière

En vain, cherchant un œuf, écarquillait les yeux.

Un jour enfin (où va se nicher le miracle !)

Un merveilleux spectacle

Mit en émoi toute la basse-cour ;

Un œuf gros, blanc, presque rond, fait au tour,

Avait paru ! Quelle était la pondeuse ?

Toutes ayant bien caqueté

Reconnurent leur droit à la maternité :

C'était un œuf commun ! D'abord une couveuse

Se met dessus, et puis le lendemain

Une autre lui succède. Hélas ! ce fut en vain

Que la gent empennée [1]

Echauffa l'œuf : elle en fut pour ses frais !

La fermière l'ouvrit : or, l'œuf était punais !

L'Académie en est-elle étonnée ?

Dictionnaires, gros recueils

Rimant si bien avec cercueils,

Vastes charniers de mots, lieux sombres

Qu'on aime à parcourir parfois

Comme un cimetière, où les ombres

Des morts pleurés ont une voix

Qu'entend seule une oreille amie,

Pauvres vieux mots, ainsi qu'une momie

---

1. Je me suis permis de prendre le mot *empenné* dans son sens primitif, tel qu'on l'employait au XIVe siècle. Ainsi on lit « oisels empenez » dans un des auteurs de ce temps-là.

C’est là qu’embaumés je vous vois,
Tout couverts d’un enduit de phraséologie,
Et de citations, et d’étymologie !
C’est là que se dressent vos croix
Par les soins de quarante poules
Immortelles, qui font pour vous
Cet office qu’aux pâles foules
Rendent les fossoyeurs-hiboux !
Ah ! l’œuf unique et chéri des quarante,
Couvé, puis recouvé nombre infini de fois,
Est déclaré punais par Littré, qui se vante
D’avoir pondu, lui seul, un œuf de premier choix.

LE SAVANT ET L’HIÉROGLYPHE

Un savant s’embarqua, s’étant gonflé la tête
De termes assez creux pour en devenir bête :
Tel est en nous l’effet d’une Babel de mots
Quand l’esprit et le cœur ne sont pas de la fête.
O mémoire sonore, apanage des sots,

Qui n'a reçu de tes éclaboussures !
Tu sembles un volcan qui vomit à grands flots
Pêle-mêle la lave et les vapeurs obscures.
Notre homme, dis-je, avait comme des bouffissures
De termes ramassés dans les in-octavos,
        Les manuscrits, les in-folios.
Il débarque en un lieu tout rempli d'hiéroglyphes
        (C'est de l'Égypte qu'il s'agit,   —
Où, gravée en la pierre, une antiquité gît)
Et s'écrie en voyant un lion sur ses griffes
        Toutes de marbre, et qui semble, attristé,
Rugir vers le désert veuf de sa majesté :
    « Terre des sphinx, qu'habitent des profanes,
Des ignorants dis-moi les temps évanouis,
L'Égyptien lisant au front serein des nuits ;
Hiéroglyphe, Hiéroglyphe, ouvre-moi tes arcanes ! »
L'Hiéroglyphe : « A quoi bon ces mots appris, tout faits !
Renonce, beau savant, à tenter mes bienfaits ;
Je suis simple et sans art. Vois-en quelques effets :
« Mes *Bêtas* sont des rois ; mes *Omégas*, des ânes ! »

Nature, un simple voile étendu sur ton front

Protège tes beaux traits de tout profane affront.

Il faut t'ouvrir son cœur et moins creuser sa tête,

Déesse, pour saisir ton jeu mystérieux ;

La Fontaine, un amant, connaît tout par tes yeux ;

Par ceux de la science un Buffon t'interprète ;

Mais combien le premier te sait et te sent mieux !

Tel l'ignorant qui lit avec âme un poète ;

Tel aussi le public, un jour de fête admis

Dans l'auguste maison dédiée à Molière,

    Devine, sent, acclame à sa manière

De Corneille les beaux, les admirables cris !

LES TONNEAUX

La vendange approchait, et le maillet sonore

    Sonnait aux flancs des tonneaux arrondis ;

Les tonneliers frappaient de leurs bras dégourdis,

Et leurs faces prenaient les couleurs de l'Aurore

    S'éveillant rose au sommet des coteaux.

Cela ronflait, faisait un beau tapage !

O cher rhabillement de tous les vieux tonneaux,

Belle musique à travers le village,

Que tu réjouissais les gosiers desséchés !

Vint à passer une futaille pleine ;

Deux forts lurons sur elle étaient penchés

Et la manœuvraient à grand'peine :

Ses flancs sur le pavé ne rendaient aucun son.

En ce moment, à l'unisson

Les fûts, que seul le vide emplissait à cette heure,

Tout résonnants chantaient qu'en leur vieille demeure

Jadis avait été des vins le plus vermeil,

Pur rayon de soleil,

Digne nectar des dieux, le vin de la comète !

Le fût plein n'avait eu jamais honneur pareil !

« Oui, reprit le Tonneau, mais c'est de la piquette,

Mes beaux braillards, qui vous attend ?

Vieillis, demi-pourris, vous vous trompez d'autant,

Si vous croyez qu'en vous rien plus d'exquis on mette. »

Regarder en arrière et vivre du passé,

Pour un peuple, à mon sens, c'est être trépassé.

« Marathon ! Marathon ! » crie Athènes vieillie,

Et les échos du Pnyx disent avec fracas :

« Marathon ! » et c'est tout ! Des tonneaux c'est le cas :

Comme ils sonnent, vieillis, vidés jusqu'à la lie !

Peut-être aussi, chez nous, dira-t-on dans cent ans :

« Quatre-vingt-treize ! » Et puis tous les gosiers, contents

D'avoir lancé ce nom, cette date terrible,

S'endormiront, mourant d'une mort insensible !

LE HIBOU ET LA TOURTERELLE

Le Hibou, philosophe des tours,

Dit un soir à l'oiseau des amours :

« Sans que ta foi s'en froisse

Je t'avertis

Que les dieux de paroisse

Sont bien petits !

Chaque oiseau qui médite,

Ainsi que moi,

Cherche un Dieu sans limite,
Suprême loi !
Son abstraite personne
N'est nulle part ;
Tout temple l'emprisonne
Et met du fard
A ce mythe que prie
Maint front banal :
C'est la catégorie
De l'Idéal ! »

« — Tu parles certe en philosophe,
Bien froidement ;
Moi, j'offre à mon Dieu limitrophe
Un cœur aimant.
Je me fie en la flamme
Qui vient de lui,
Et lorsque je réclame
Un peu d'appui,
Je le sens dans mon âme
Où toujours il a lui. »

Ainsi reprit la douce Tourterelle
Et le Hibou rentra penaud dans sa tourelle.

Qui donc éclaircira ce mystère profond?
Le cœur demande un Dieu concret, aimable et bon;
Aux yeux de la raison il n'est Dieu de la sorte :
Seul, l'abstrait, l'absolu, se conçoit, mais n'est rien !
De ces deux dieux Renan nous explique fort bien
Que c'est le cas d'Astolphe avec sa jument morte.

L'ŒIL DU VRAI CRITIQUE [1]

Un jeune auteur, tout gonflé d'espérance,
Dans Paris débutait par un livre de vers ;
C'est le commun travers,
Ou, si l'on veut, c'est la coutume en France,

---

1. Comme La Fontaine m'a inspiré cette fable, j'ai cru que le titre *L'Œil du Maître,* légèrement modifié, pourrait être conservé en signe d'hommage. Le titre complet serait : « C'est l'œil du vrai critique qu'il faut redouter »; mais cela ferait longueur.

Où tout se fait si moutonnièrement

Que nul n'oserait seul tenter un changement.

Jadis on débutait par une tragédie ;

Aujourd'hui le journal, sorte de rapsodie

En prose, où tout aveugle est un Homère en pied,

Tente nos collégiens. Là plus d'un, fier, s'assied,

Et, comme pythonisse en fureur, vaticine !

Quel bonheur d'accoucher d'une lourde tartine,

Ou bien d'entrefilets soufflés au mirliton !

Mais qu'on est glorieux si dans quelque officine

De grand journal on devient marmiton,

Essuyeur de vaisselle, apprêteur de cuisine,

Armé de longs ciseaux au lieu de coutelas,

Égorgeant, découpant journaux, alinéas,

Sabrant tout dans le tas !

On prend des airs de matamore ;

On toise l'abonné, l'on se croit Cid du Maure,

Quand on n'a qu'embroché les articles d'autrui,

Comme un simple N***, et même D***,

Dit-on. Pour notre auteur, voyez comme il adresse,

Enivré de ses vers et de gloire enfumé,

Son livre, son enfant, au peuple peu famé

De ces criticailleurs dont pullule la presse.

Par des comptes-rendus l'on répond, l'on s'empresse.

Il offre également un exemplaire à ceux

Qui sont de ses amis, et lui de chacun d'eux

        Reçoit une lettre flatteuse.

Il nage dans la joie! et son âme, douteuse

Tout à l'heure, au succès croit certe, et non pas peu.

Un véritable ami jeta sur ce beau feu

De l'eau, non point de l'huile, ainsi qu'eût fait un autre.

Doucement il lui dit : « Ami, cela va bien !

Messieurs de la critique, et puis chaque ami nôtre

De toi font un éloge assez semblable au mien ;

Mais quoi ! d'un grand critique il faut subir l'épreuve !

Le Boileau du moment, un Planche, un Sainte-Beuve,

Que dira-t-il ? Attends ! ne préjuge de rien ! »

« Mais tu parles ainsi que le Bœuf de la fable

        Parlait au Cerf se cachant dans l'étable ! »

S'écria notre auteur. — « Ton cas est tout semblable,

Reprit alors l'ami. C'est cet homme aux cent yeux,

        De l'esprit nouveau Briarée,

Qui pour toi me rend soucieux.

Selon qu'il parlera, je te vois près des dieux,

Ou bien ta muse, hélas ! est enterrée. »

Comme il disait ces mots,

Le concierge entre apportant la revue

Où l'Aristarque écrit, et sa perçante vue

A découvert bien des morceaux

Plats ou mauvais dans le nouvel ouvrage :

Ici des tours communs ; ailleurs du remplissage !

Il s'écriait : « Pourquoi ceci ? pourquoi cela ? »

Bref, comme sans valeur le livre est jeté là !

« Tu vois, lui dit l'ami, que la fable du maître

A ton cas s'appliquait. Sachons à profit mettre

Ce qu'ont dit les anciens. Tiens, souvent d'Augias

Je t'entends raconter le fait des écuries

Par d'énormes fumiers, hélas !

Toutes puantes et pourries ;

Le nettoyeur Hercule est-il pas entre nous

Ce critique inflexible et du Beau seul jaloux,

Délivrant l'avenir du fumier-paperasse,

Grâce au fleuve d'oubli qui par l'étable passe ? »

De tes écrits, auteur à faux vanté,
N'ira, même le titre, à la postérité!

L'AVEUGLE ET LE HIBOU

Temps présent, si fécond en hardis négateurs,
Tu ne l'es guère moins en plats adorateurs :
De la juste raison bien peu suivent la trace.
Le commun des mortels fort aisément s'en passe;
D'autres pensent pour lui; ce sont les charlatans.
« De t'instruire, ont-ils dit, il sera toujours temps,
O bon peuple mouton, éternel porte-laine!
D'un aussi lourd souci ne te mets pas en peine!... »
Et, selon leur caprice, ils disposent par là
De tout, niant ceci, prônant cela,
Et le peuple, chose crédule,
A leurs souffles divers ondule!
Tel monte en chaire et dit : « Nous allons créer Dieu! »
Aux auditeurs épris de ses belles merveilles;
Tel autre (ainsi Broussais) vous brandit cet épieu :

« La conscience ? (*Il rit.*) Montrez-moi ses oreilles [1] ? »

    Et ce sont là les grands docteurs du jour !

Du noir au blanc par eux nous passons tour à tour.

Voyez ce vieil Aveugle ; il va seul, sans lisière ;

On a beau lui crier : « Gare, ami ! casse-cou ! »

Il tombe ! « Je te nie, ô soleil sans lumière, »

Dit-il, en s'agitant sur le fatal caillou.

Éveillé par le bruit, un Hibou solitaire

Veut, malgré les avis, du trou sortir un peu ;

Mais soudain il recule en clamant : « Sur la terre

Tout, jusqu'au grain de sable, est un soleil en feu ! »

Tels sont bien les moutons ! De l'extrême à l'extrême

Ils passent ! Voyez-les niant l'Être suprême,

    Ou le mettant dans le moindre bambou :

Là, colère d'aveugle ; ici, cri de hibou !

---

1. Textuel. Lire le traité *De l'irritation et de la folie,* par Broussais.

LES DEUX CHEVAUX

Le moyen âge est beau par ce cri de l'honneur

Qui, parti du Midi, fit écho dans le cœur

Des farouches guerriers enfantés dans les brumes,

Sous les souffles du Nord, près des sombres écumes

De l'Océan qui hurle et lève un front aqueux

Par-dessus les rochers des Bretons belliqueux.

Secourir l'orphelin privé du bras d'un père ;

Dire à la veuve en pleurs : « Tu n'es point seule ; espère ! »

A la vierge qu'on aime et qu'on veut épouser

Donner la sérénade ainsi qu'un doux baiser,

Ou, pour entretenir les vertus dans son âme,

Mettre en dépôt son cœur dans le cœur de sa dame,

Une divine reine, accomplie en tout point,

Céleste vision qui ne vous quitte point ;

Être Cid bien souvent, et parfois Don Quichotte,

Ame, quoi qu'on ait dit, bien plus grande que sotte ;

Être Blondel, ou bien le Chevalier sans peur,

Et, quand on a donné sa parole d'honneur,

Ne la trahir jamais, quel idéal splendide,

Quel Alhambra construit au cœur sauvage et vide

De nos races du Nord par le Maure espagnol !

Lui, vaincu, triompha par là sur notre sol.

Ce sont ses douces mœurs qui sur nous déteignirent ;

Lors nos brutalités à demi s'éteignirent :

L'univers espéra ! Tout ce qui gémissait

Leva les yeux en haut ; le chevalier perçait

De son glaive brillant le sein des nuits funèbres :

Ce ne fut qu'un éclair au milieu des ténèbres !

Un soir, en ce temps-là, deux chevaux se trouvaient

De passage logés en même hôtellerie

A l'écurie,

Et tous les deux ils achevaient

Leur repas : l'un ayant sa mangeoire fournie

D'avoine sur le van passée avec grand soin,

Et l'autre au râtelier n'ayant rien que du foin !

« C'était vraiment une infamie,

De le traiter ainsi !

A lui tout le travail ! à lui tout le souci !

Car n'était-il pas vrai, durant tout le voyage,

Qu'il avait porté seul le maître et son bagage ?

Était-ce là justice ? Eh quoi, son compagnon,

Plus grand, plus fort, n'avait, contre toute raison,

Sur son dos paresseux souffert la moindre charge ? »

Comme il était en train ainsi de s'écrier,

On vient chercher le destrier ;

Son maître armé le monte, et vous le lance au large ;

Il attaque avec feu plus d'un fier ennemi ;

Il est rouge de sang et mort plus qu'à demi,

Mais, comme Bucéphale au sein de la bataille,

Quoique percé de coups, il a la force encor

De sauver celui qui, bardé de fer et d'or,

Combattait en héros et d'estoc et de taille.

A l'écurie il revient expirant

Et, sans se plaindre, il tombe sur la paille !

Son compagnon alors comprend

A quelle intention on le ménageait tant.

Ne courbons point par un travail pénible,

Bas, vulgaire et quotidien,
Les nobles facultés qui font l'âme sensible,
Ou des plus grands esprits nous ne tirerons rien !

LA CONFESSION DU RENARD

La vérité candide est au fond de notre âme ;
C'est là ce fameux puits dont on a tant parlé ;
Tout au secret des cœurs Dieu parle ; il se proclame ;
Sa justice s'y lève, et le ciel étoilé
S'y mire tant qu'on est pur ou qu'on se réclame
       Enfant du vrai ; sinon bientôt
Le puits se tait ; la vierge est remontée en haut.
N'est-il pas de ce fait des exemples sans nombres ?

      Près du terrier d'un vieux Renard
      Maître et seigneur de rochers sombres
      Que surmontaient les hautes ombres
      D'un bois effrayant au regard,
      Où tout de la base à la cime

Semblait solliciter au crime,

Soit qu'un silence de mort tînt

Rigide, impénétrable, et l'arbre, et son ombrage,

Soit qu'un frisson courût sur le bois incertain

Et de son bruissant feuillage

Couvrît les derniers cris de l'innocent agneau ;

Là, dis-je, vivait un Blaireau

Qui, malgré le milieu, s'était conduit en sage,

Exemplaire achevé du Bien, sinon du Beau.

Une fois, une seule, hélas ! et c'est trop d'une,

Un soir, tout l'y poussant, la jeunesse, l'amour,

Et le jour tombant, à la brune

Il avait fait un vilain tour

A certaine Blairaude affriolante au dire

Des soupirants nombreux tenus sous son empire.

Elle portait le sceptre de beauté,

Le seul qui donne un peu de royauté

Durable même en pleine république ;

Or le Blaireau souilla cette virginité !

Sa vie entière à gémir il s'applique ;

Même il croit qu'en faisant pénitence publique

Il n'effacera pas un aussi laid péché.

Dix ans durant il se l'est reproché,

Et le voici, blanchi par l'âge,

Au dedans toujours noir, selon son cœur de sage.

Cependant tant de sainteté

A touché tout le voisinage ;

De maint pécheur il se voit consulté ;

Même il ne fut directeur patenté

Qui mieux que lui sût diriger les âmes._

Le vieux Renard, voisin des plus infâmes,

Le fit mander au moment d'expirer.

« Mon fils, lui dit le saint, il convient d'espérer,

Si criminel soit-on, en la Bonté Suprême !

Dévoilez tout, sans stratagème. »

Alors le Renard dit : « Une première fois

J'aperçus un vieux coq, perclus, presque sans voix,

Et je le délivrai d'une vie insipide :

J'eus un remords ou deux, mais cela fut rapide.

Un autre jour, je pris un malheureux poussin ;

Sa mère me suivait, m'appelant assassin :

Cette seconde fois, j'eus un remords à peine.

Le lendemain, errant tout à travers la plaine,

Je surpris cette mère et la croquai fort bien :

De remords, cette fois, je ne sentis plus rien.

Calme, ainsi j'ai vécu, mais plein de méfiance.

— Ainsi, reprit le saint, s'éteint la conscience ;

Mais aujourd'hui, mon fils, que vous allez passer

De ce monde dans l'autre, il faut une âme nette,

      Qui se repente... — Ah ! je regrette,

Dit le Renard, de ne pouvoir recommencer. »

LE PAON ET LES DINDONS

Où donc s'arrêtera l'avalanche des croix ?

Danaé dans sa tour reçut-elle une pluie

      Égale à celle qu'on essuie ?

Les rubans, les crachats pleuvent de maints endroits !

On ne sait plus par où fuir tant d'éclaboussures ;

Courbet en est atteint ! Entendez ses murmures !

Contre les décorés élevons donc la voix.

    Un mal d'orgueil sous-cutané travaille

Ces Messieurs du rouge cordon ;

Il nous faut bien, vaille que vaille,

Leur donner en passant une brève leçon.

Messeigneurs Dindonneaux, charmés de leur pâtée,

Eurent l'idée, un jour, conte-t-on, d'inviter

A leur table mal apprêtée

Ce qu'une basse-cour a l'honneur d'abriter.

On prévient du jour de la fête,

Et chacun d'accourir à l'invitation.

Dieux ! si ce peuple manque et de goût et de tête,

Quels estomacs il a pour la digestion !

A becs ouverts et par pleines gorgées

On absorba, pour se rassasier,

Pommes de terre en robe ! Ainsi que des dragées

Tout s'engloutit par masse en maint et maint gosier !

Bref, le repas, s'il ne fut point splendide,

Ne pécha pas du moins du côté du solide :

Car en glouglous épais les gosiers éclatant

Dirent enfin que l'on était content.

Un hôte, un seul, haut Paon du voisinage,

Sous Philippe admiré dans les jardins du roi,

Du bout du bec mangeait, et, fier, se tenait coi.

Un Dindon le remarque et dit, en son langage :

« Beau Paon, faites la roue ! » Et la gent dindonneau

Vite de répéter : « Oui, faites-nous le beau ! »

L'orgueilleux en brûlait ! Il se gonfle, il déploie

Les soleils de sa queue, étincelante soie !

En silence on admire, et l'on est réjoui !

Mais d'un trop vif éclat bien vite l'œil se lasse :

Que de fois, ô splendeur, ne nous as-tu pas nui ?

Tout dindons qu'ils étaient, s'extasiant sur place,

Ils firent la leçon au fat qui, plein de lui,

     Continuait à déployer sa grâce,

De nouveau de sa queue étalant le brillant :

Comme il faisait le beau, l'on s'endormit, bâillant !

Que par cette leçon votre troupe avertie,

Hommes-Paons, chamarrés de croix et de satins,

    D'un manteau fait de fausse modestie

    Ne couvre plus ses orgueilleux desseins.

LA DEMOISELLE ET LA FLEUR

C'est l'âme dans la fleur qui m'attire et me charme.
J'ai versé ce matin une brûlante larme
Sur une fleur mourant de tristesse et d'ennui :
Son Papillon aimé dans l'azur avait fui !
Le bonheur sur son aile était parti sans doute,
Et la fleur en mourant le suivait dans sa route.
Monde des végétaux aux calices profonds,
Ainsi donc vous vivez de ce dont nous vivons !
Comme nous, on vous voit dépérir sur la tige
Dès qu'il n'est plus, celui qui doucement voltige
Et rend tout lumineux le plus sombre des jours !
Je vais par un récit retracer vos amours.

Près d'une rive en fleur jouaient des Demoiselles [1] ;
Une surtout volait si bien que son bruit d'ailes

---

[1]. *Demoiselle,* c'est le nom populaire de la *Libellule.*

Enivrait chaque fleur d'un céleste concert ;

      Aussi disait chacune d'elles :

« Qu'elle est légère et svelte, avec son corset vert,

La fine Demoiselle à l'œil toujours ouvert ! »

Cependant une fleur, un Muguet, sur la rive

Tendrement soupirait pour cette aile si vive.

Son amour débordant des calices d'odeur,

Pour elle il exhalait en parfums son ardeur ;

Pour elle il conservait la goutte de rosée

Qui, dans la claire nuit, en lui s'était posée !

Là, l'amante mirait sa tête d'un vert d'or.

Mais, si la fleur ne vit que pour un temps rapide,

Le bonheur, fleur du cœur, passe plus vite encor !

Vers un autre courant, sur une eau plus limpide,

Partit la Demoiselle, et la petite Fleur,

      Triste, à la terre inclina sa corolle,

      Et, murmurant quelque vague parole,

          Expira de douleur.

Cet enfant, cette mère en proie à la tristesse,

Ce jeune homme qui passe une verte jeunesse

Pensif comme un vieillard qui rêve du tombeau,

Ont cependant du pain, comme la fleur a l'eau,

Et se meurent ! C'est que l'enfant n'a plus de mère,

Hélas ! la mère plus de fils,

Et le jeune homme a sous la terre

Tous ses amours ensevelis !

L'ARBUSTE ET LES BERGERS

Des bergers, ignorant les agréments champêtres,

Et la douce musette, et les chants sous les hêtres,

Ainsi que certains jeux où s'écoulaient les jours

Des gais pasteurs au temps heureux où Galatée

Agaçait les amours

Par certaine pomme jetée

Et par bien d'autres tours,

Des bergers s'amusaient, dis-je, à montrer leur force

En recourbant un Houx craquant dans son écorce.

Nos gars se piquaient bien un peu

Bras et mains à ce jeu ;

Mais l'ardeur de la lutte et la proche victoire

Des dards piquants du houx tout reluisant de gloire

  Leur faisaient oublier le mal.

 Seul s'en plaignait le vaincu ; son rival,

Comme tous les vainqueurs qui cachent leurs blessures,

Du bout des dents riant, niait ses meurtrissures.

En petit comme en grand, ne le savez-vous pas,

Seuls les vaincus ont eu des morts dans les combats ?

C'est ainsi que le veut une vieille routine

Et cet orgueil de gueux qui fait notre ruine !

 Nos lutteurs (et par quelques vilains tours

  Jeux de mains finissent toujours !),

A force d'appuyer sur le houx, le courbèrent

Au point que de son faîte il touchait presque au sol ;

Mais en se redressant il atteignit au vol

  Nos gars, qui roides morts tombèrent.

Ma morale va droit à confirmer ceci :

Plus un peuple est courbé, plus fort il se redresse.

Malheur aux rois-bergers qui manquent de sagesse

Au point de négliger cette loi vengeresse,

De quelques bas flatteurs vivant à la merci !

Comme ce premier trait me tenait en souci,
Et que de l'arbuste l'image
Riait encore en moi, plein de ce doux mirage,
Je refis mon sujet autrement ; le voici.

Près d'un royal séjour, une tige puissante,
Crue on ne sait comment sur ce sol décrépit,
Portait au ciel sa tête menaçante,
Quand une main hautaine à terre la fléchit.
C'est qu'on trouvait importun son ombrage ;
C'est que son jeune front masquait le paysage ;
Et puis, avec le temps, il envahirait tout !
Voilà pourquoi par son haut bout
Plié jusques à terre
On vous laissa, méprisé, solitaire,
L'arbuste malheureux.
Mais quand le royal édifice,
Par maladresse ou maléfice,
Eut grand besoin d'un étai vigoureux

Pour échapper à la ruine,

Voici qu'on s'imagine

De recourir à l'humble prisonnier;

Même le roi veut bien le délier

Pour voir s'il reviendra juste à sa droite ligne,

Si d'aplomb sous le ciel il lèvera son front,

Car il ne sait combien s'indigne

D'un tel état, d'un tel affront,

Un arbre de nature franche.

Il coupe le lien, et soudain une branche

Le touche et vous le tue! Un ministre survient,

Même destin! Et puis un autre encore,

Et mille autres après! Contre lui rien ne tient;

Il se relève; il a de beaux rayons d'aurore

Dans son front libre, et qui domine au loin,

Car il protégerait l'univers au besoin.

Tandis que doucement, comme une eau qui s'écoule,

Vers son pied adoré se répandait la foule,

Les grands ne voyaient pas, dans leur absurdité,

Que ce qui les tuait, c'était la liberté,

Qu'ils avaient si longtemps sous leurs talons foulée,

Et qui d'un bond se redressait, ailée,
Plus mâle que jamais, plus terrible cent fois
Que si l'arbre eût grandi selon de justes lois.

LES ESCARGOTS

L'enfant d'un laboureur, nous dit le vieil Ésope,
S'occupait à griller sur des charbons ardents
Force Escargots. C'étaient des saints Laurents
Prisonniers dans leur enveloppe,
Vrais martyrs destinés à passer sous les dents
De l'animal cruel qui se dénomme
Un homme,
Et qui se croit, hélas! tout plein d'humanité!
Sous la chair des martyrs la liqueur qui circule
Sifflant, chantant, l'enfant dit, tout déconcerté :
« Insensés, vous chantez, et votre maison brûle! »

Ce que l'on ne fait pas dans le temps opportun,
Paraissant ridicule, est blâmé de chacun.

Ceux qui parlent encor chez nous de communisme,
Ce sont des Escargots manquant d'opportunisme !

LE VIEUX CHAT ET LA VIEILLE

La Fable touche à tout ! Prompte à se transformer,
En chaque genre elle entre et cherche à l'animer :
Ici, d'allégorie étant enveloppée ;
Là, par le merveilleux atteignant l'épopée ;
Ailleurs, grave, montant les hauts gradins du Pnyx,
Et paraissant soudain en étonnant Phénix,
Oiseau fier et moqueur qui fait une échappée
Au sein du discours même, afin de réveiller
L'auditeur trop distrait ou prêt à sommeiller ;
Partout montrant qu'elle est alerte et dégourdie,
Et qu'elle sait donner l'air de la comédie
A ses menus propos, ses dialogues vifs,
Où se croisent les mots gais, profonds, incisifs,
Ou pétris de ce lait que la candeur naïve
Laisse échapper d'un sein que le vrai seul captive,

Quand ce n'est ce penchant qu'on nomme l'amitié !

En chaque genre ainsi la Fable est de moitié.

N'était le fond moral qu'elle prend à son compte,

Souvent vous la croiriez sœur germaine du conte.

Traînant de tuile en tuile un amour malheureux,

Le Chat de mon voisin, vieux pelé, vieux galeux,

A l'objet de son cœur se plaignait de la sorte :

« Il est minuit, Minette, et je pleure à ta porte !

Minette, ô mes amours, que je vois par ce trou,

Un mal intérieur me ronge et me rend fou !

L'amour me l'apporta, que la haine l'emporte !

Ou plutôt, — car je t'aime et ne puis que t'aimer,

Cruelle, qui ne veux à haut prix m'estimer, —

Oui, plutôt donne-moi la mort, le trépas sombre ! »

Et le pauvre Minet,

Qui paraissait dans l'ombre

Comme un chat de Manet,

Présentait la poitrine à sa fière Andalouse

Qui de lui se montrait, hélas ! fort peu jalouse.

Cependant, intrépide, il attend le trépas,

Lui, le dernier neveu de feu de Carabas !

Mais la dame de sa pensée,

En un mol édredon mollement enchâssée,

Aux éclats de sa voix en bâillant s'éveilla,

Vit Minet le pelé hurlant son mélodrame,

Par pitié d'un regard le paya, rebâilla,

Car l'ennui la tuait, la grande et belle Dame.

Au cœur brûlant d'amour, demi-désespéré,

Qu'il est doux le regard de l'objet adoré !

Minet en devint fou ! Sa nuit brillait moins sombre :

On l'avait regardé ! Dans l'ombre

Il roula de nouveau son amoureuse voix,

Soupira, supplia, miaula sur le rite

De sa sultane favorite

Quand Vénus la surprend errante sur les toits.

« Minette, criait-il, dans la neige et la brume,

Vois, je grelotte et je m'enrhume,

O belle chatte, et c'est pour toi !

Quel gage plus certain te faut-il de ma foi ?

Peut-être aussi ne suis-je pas sans grâce ?

Hier, ton gros Minet s'aperçut dans la glace :

Sais-tu bien qu'il ne s'est déjà point tant déplu ?

Bonnes griffes et dents ; corps fourré, bien velu ;

Noble voix ! Des méchants prétendent que je beugle

D'yeux, il est vrai, je suis obscurément pourvu,

Et même des jaloux m'appellent vieil aveugle ;

  Mais, miaô, miaoux,

  Je suis le roi des matoux ! »

Minette était l'avoir d'une vieille duchesse,

Laide, folle d'amour, légère de richesse.

Être vieille, être laide, et d'amour raffoler,

 C'est un beau rêve, hélas ! mais c'est rêver !

« O joie intérieure, ô doux festin de l'âme,

Simple offrande du cœur, ô regard d'une femme,

Je te prodigue en vain, disait-elle ; Daphnis

N'est que glace pour moi, moi, la belle Chloris !

Ah ! mourons ! il le faut ! » Mais un affreux tapage,

S'élevant au dehors, a suspendu sa voix ;

C'était Minet qui, las d'espoir, perdant courage,

Crevait en maudissant la Dame de son choix.

La Vieille, par les ans vers la terre penchée,
Lui dit, en entr'ouvrant une bouche ébréchée
Où chantait en fausset un verdâtre crachat :
« Ah ! vieux fou, veux-tu bien déguerpir de ma porte !
— Sage Vieille, je meurs, lui repartit le Chat ;
        Mais apprends que d'étrange sorte
        A Minet, le vieil édenté,
        Tu ressembles, en vérité ! »

Ainsi nous remarquons tous les défauts des autres,
        Mais nous ne voyons pas les nôtres ;
    Tel est le fond de ma moralité.

LA LEÇON MATERNELLE

Une mère à sa fille expliquait par grands mots
De l'étude le but, et montrant des yeux sots,
Avec bouche béante et dedans langue morte,
Sa fille l'écoutait sans rien comprendre, en sorte
Que, ce voyant, la mère avisa quelque biais.

« Il était, lui dit-elle, en un pays de vignes,

Deux Ceps, frères jumeaux, droits, forts, jeunes et frais ;

D'attentions, de soins, ainsi qu'ils étaient dignes,

Ils furent comblés tout exprès.

Le vigneron comptait qu'aidé de la nature,

Il obtiendrait bientôt des fruits de sa culture :

Raisins exquis, primeurs, qui font extasiés

Les clients de Chevet, ces sûrs et fins gosiers !

Il en fut autrement du moins pour l'un des frères,

Qui, riant des trois coups de la houe en ses terres,

Ainsi que des engrais qu'il traitait de grossiers,

Se plut à vivre au gré de sa folle manie.

Cette orgueilleuse écorce écoutait son génie,

Plongeait de sa racine aux endroits froids du sol,

Narguait le paillasson qui, tel qu'un parasol,

Devait contre les vents, et la pluie, et la grêle,

Protéger le raisin en sa fleur tendre et frêle.

Et pendant ce temps-là son frère profitait ;

Ses fruits à peine mûrs, on se les disputait ;

Même ils étaient goûtés des plus grands personnages.

L'autre était le régal des gens de bas étages !

En ce récit, ma fille, il est un sens bien clair :
Duquel de ces deux ceps voulez-vous avoir l'air ?
Si vous prenez à cœur l'étude et la science,
Vous serez acceptée en toute confiance

  Parmi les gens de premier choix ;
Chacun vous aimera, goûtera votre voix ;
Mais si vous n'avez rien qu'une sotte croyance
En vous-même, il faudra compter d'autre façon
Et n'aspirer à rien qu'à plaire à quelque oison ! »

LES FOURMIS

  Quand le désir de la vengeance
Enfonce dans nos cœurs ses sombres aiguillons,
   O plaisir des dieux, nous voulons
    Te savourer en diligence,
    Nous en coûtât-il plus d'un bien
    Dont la perte ne semble rien
Tant que la passion, grondante, inassouvie,
Bouillonne ! On donnerait alors jusqu'à sa vie,

Que dis-je? plus encor, jusqu'à sa liberté
Pour qu'un tel plaisir fût goûté !

Après mille détours, à ma Muse ce thème
S'impose de nouveau : c'est que j'y vois l'emblème
De la triste réalité.
Là se peignent les mœurs d'un monde politique,
Demi-bourgeois, qu'une arrière-boutique
A vu naître et grandir,
Mais qu'une bourse pleine a gonflé d'un désir
Immodéré d'orgueil, de paix et d'égoïsme :
Ce n'est pas chez ces gens qu'habite l'héroïsme !
Leur rêve est un pouvoir fort, armé jusqu'aux dents,
Qui les mette à l'abri de tous les accidents
De la foudre d'en bas, lorsque le peuple gronde,
Lassé de son pain bis, de son taudis immonde,
De tout le mal qu'en vain le sage voit de loin
Venir, et qu'il voudrait éloigner au besoin.

Des Fourmis, se lassant de leur tâche grossière,
Et surtout de leur maigre gain,

Proclamèrent un jour, dit-on, à leur manière
Un ban socialiste et tout républicain.
La bourgeoise fourmi se sentait fort marrie
D'un tel événement, mais par poltronnerie
Au peuple tout d'abord elle tendit la main,
Et l'on fraternisa du soir jusqu'au matin.
La tourbe des fourmis, toujours sans méfiance,
Crut à la bourgeoise alliance,
Et durant trois longs mois
Voulut bien travailler à charrier du bois,
Transporter, rapporter du sable et de la terre
Dans de grands ateliers nommés nationaux ;
C'était en attendant qu'on réglât le salaire
Et l'ordre des travaux
Dont on allait créer un vaste ministère ;
Bref, le droit au travail, et plus de prolétaire !
C'était de quoi soulager bien des maux.
Sous peu, lui disait-on, la bourgeoise science,
Fournira sur ces points quelque solution.
Le printemps s'écoulait : nulle décision !
Enfin, en juin, on perdit patience !

Alors, loin d'accéder aux demandes d'en bas,
Le bourgeois, démasquant son arrogance extrême,
Fit tirer sur le peuple, et bientôt sur lui-même
Il mit, comme empereur, un personnage blême

Ayant fusil, sabre et canon,

Affublé d'un glorieux nom !

Ainsi pour se venger il se donnait un maître !
Le cheval autrefois en avait fait autant.
Quand il s'en repentit, l'empereur insultant
Lui fit sentir le frein qu'il avait su lui mettre.

LE RENARD CHRÉTIEN

En plein Concile œcuménique,
Nouveau chrétien, Renard ainsi s'explique :
« Oui, mes frères, je dis que moi seul ai raison,
Car seul j'ai parcouru l'orbe de la sagesse,
Et j'en fournis la preuve en montrant le tronçon
Du panache qui fait éclater la noblesse

De notre race entre les animaux.

J'ai laissé, comme on sait, cet ornement insigne

Aux mains de nos cruels bourreaux ;

De me persécuter ils m'avaient jugé digne,

Et j'ai confessé Dieu dans ces temps incléments

Même au sein des plus noirs tourments.

Donc, gloire à notre foi ! Mais, parmi nous, des frères

Menacent d'altérer le fond de nos mystères ;

Anathème sur eux ! De leur personne il faut

Se saisir, et les mettre au pied de l'échafaud ;

S'ils persistent dans l'hérésie,

Torturons-les, privons-les de la vie. »

Persécutés d'hier, bourreaux du lendemain,

Entre vos feux croisés j'élève en haut la main

Et réclame un répit d'armes dans les batailles ;

Un cri d'humanité jaillit de mes entrailles :

« Frères, pourquoi toujours vous entre-déchirer ?

Du triomphe du bien faut-il désespérer ? »

COUP D'ŒIL

L'HISTOIRE DE FRANCE

C'est le propre de la jeunesse de ne douter de rien ; à elle toutes les audaces ! Ajouterai-je que toutes lui vont à merveille ? Age vraiment heureux ! âge des faciles enthousiasmes et des projets gigantesques, que je te regrette ! Des plis du rire jeune et frais s'envolent, comme l'alouette du sillon verdoyant, des strophes ailées, ou bien, gros d'élégie, des pleurs par échappées coulent en ruisseaux plaintifs et murmurants : ils forment les *Méditations* d'un Lamartine. Mais entre une Méditation gémissante et une strophe sonore et joyeuse, on lit, on rêve, on aime, on projette. Le jeune Titan s'essaye, en secret, à l'escalade des cieux. C'est à cet âge que j'avais conçu ma *Comédie à cent actes*, et, si le temps ne m'avait manqué, ce ne seraient pas des fables décousues et sans suite que j'aurais présentées au lecteur, mais bien toute l'histoire de France depuis l'époque de nos chefs barbares, manieurs de francisques, jusqu'à celle de nos chefs opportunistes, si habiles à brandir la framée oratoire.

J'avais lu, dans cette intention, nos vieux auteurs, qui sont les jeunes ; j'étais parvenu à me pénétrer de l'esprit du moyen âge, époque où les prêtres seuls argumentaient, dialectisaient, logistiquaient, dogmatisaient et brûlaient à leur guise, tandis qu'à côté d'eux, sous eux, le reste de l'humanité passait semblable à un grand troupeau muet. Le « *Bê* » de la farce de Pathelin, voilà le seul mot que le peuple ait osé faire entendre pendant ce vaste interrègne humain, et sur le tard. Ce *Bê*, tout seul, rompit enfin le silence des longs siècles muets ; encore le peuple avait-il emprunté ce mot au plaintif *Laniger* qu'*Ysengrin* le baron taillait et mangeait à merci. Ce fut un trait vraiment heureux que ce *bê* ironique, mis dans la bouche de celui-là même qu'on exploitait depuis si longtemps ! Pour Voltaire, tout notre passé national se ramenait à un fait unique et inique ; il disait que l'histoire de France, de Clovis à Henri IV, n'était qu'une longue Saint-Barthélemy ! Ainsi cet âge de boue, de nuit et de sang, ne fut guère éclairé que par la flamme des bûchers : la chevalerie, comme la rose, n'eut qu'un matin. C'est ce que notre Béranger, à son tour, voulut stigmatiser quand il mit ces vers dans la bouche des hommes noirs :

> Éteignons les lumières
> Et rallumons les feux !

Telle est la tradition constante sur le moyen âge, temps de chaos et de vie instinctive. Mais, après cette nuit cinq et six fois séculaire, les choses changent d'aspect.

Le dirai-je ? A mes yeux, toute l'histoire de nos trois derniers siècles peut tenir en trois mots, comme tout le christianisme est contenu dans la Trinité, et toutes les espérances républicaines dans Liberté, Égalité, Fraternité. Ces trois mots sont : *J'ai vu, j'ai senti, j'ai voulu.* Les comprendre, c'est avoir en main la clef de notre histoire moderne et contemporaine. On y entre alors de plain-pied, on pénètre au cœur des choses mêmes, on tient la synthèse de ces siècles. Les faits n'en sont que l'analyse ou les signes extérieurs ; mais tous viennent se grouper et s'expliquer dans la formule dont nous parlons.

C'est Descartes qui a prononcé le « J'ai vu », en lançant hardiment son « Je pense, je suis », et en proclamant l'évidence, c'est-à-dire la raison éclairée, comme seul criterium du vrai. Tel est le trait dominant au XVIIe siècle, telle est sa caractéristique propre. L'Intelligence régna alors en souveraine dans les arts comme dans les sciences. Boileau tendit la main à Descartes en proclamant, lui aussi, l'excellence de la raison, même en poésie, tandis qu'à l'étranger Spinosa, touché du rayon français, poussa la philosophie jusqu'aux formules géométriques. On ne pouvait guère aller plus loin.

Trop de lumière éblouit et fatigue. Le XVIIIe siècle fut tout à la sensation, et c'est Condillac qui eut l'honneur de dire : « Je sens, donc je suis. » Sa statue, en s'animant, comme la Galathée de Rousseau, se touche et dit : « Moi ! » ou bien encore : « Je me sens odeur de rose, etc. » Voltaire se mêle à ce grand mouvement philosophique; il propage chez nous les théories du « sage Locke », de « Locke le définisseur ». Diderot et sa suite restent embourbés dans le sensationisme; la queue, le bout de la queue diderotesque, tombe dans ce cul de basse-fosse qu'on nomme le matérialisme. Il y a toujours eu, et dans tous les camps, des exagérés : l'excès convient à certains tempéraments. Il ne faut donc pas s'étonner si l'on se heurte à un Lametterie quand on fend la foule des penseurs pour saluer Montesquieu, Voltaire et Rousseau. Quoi qu'il en soit, l'homme à la mode fut alors « l'homme sensible », et malheur à qui eût oublié de se dire tel, ou tout au moins *l'ami de l'humanité,* comme Mirabeau le père, et quel père ! Il lui sera toujours beaucoup pardonné à cause de son fils.

Enfin, le XIXe siècle se lève, mais il est réveillé un peu matin, avant son heure venue, par le coup de tonnerre de 89, qui met en poudre ce qui restait debout du XVIIIe siècle, usé par l'abus de la sensation. C'est dans Maine de Biran qu'il faut aller chercher sa formule énergique, le « Je veux, donc je suis » ! Alors commence le règne de la volonté. Toute la scène historique est envahie par des héros : *series longissima !* Et tout écrivain français serait heureux d'ajouter : *Post hos longus ordo est idem petentium decus.*

Il suit clairement de ce qui précède que notre histoire, depuis Louis XIII, est de la philosophie, ou mieux, de la psychologie en action. Nous assistons, en quelque sorte, au développement progressif d'un certain homme, le Français, qui d'abord cultive son intelligence, et accomplit des œuvres toutes de clarté et d'une beauté suprême au point de vue rationnel. Cet être métaphysicien, l'homme, ce ζῷον λογιστικόν, comme dit Aristote, est pris d'admiration pour le rayon intellectuel ; et, comme dans l'univers il ne voit que lui de raisonnable, c'est lui surtout qu'il admire, et, dans lui, la pensée. Penser, voilà où gît la grandeur ! Apprendre à penser, voilà l'objet de la vie ! « O roseau pensant, s'écrie Pascal, l'univers peut t'écraser, tu es plus grand que l'univers ! » etc. On connaît le reste de cette belle pensée. Tout ce qui ne pense pas est méprisé ! La bête, en conséquence, est traitée de machine ; la Nature est méconnue. Les champs, les moutons, les bergers, ça ne pense pas, ça n'est pas intéressant. La Fontaine lui-même n'échappe pas à la contagion ; il a cette note hautaine et dédaigneuse du XVIIe siècle, quand il appelle le monde [1] « une machine ronde », et qu'il dit, en faisant l'éloge de Descartes :

> Descartes, ce mortel dont on eût fait un Dieu
> 　　Chez les païens, et qui tient le milieu
> Entre l'homme et l'esprit, comme *entre l'huître et l'homme*
> *Le tient tel de nos gens*, franche bête de somme !

Il faut être de la cité de Minerve, d'Athènes la Grande, ou du XVIIe siècle, pour écrire la fable du *Singe et le Dauphin*, et l'achever par ce trait cruel :

> Le Dauphin rit, tourne la tête,
> Et, le magot considéré,
> Il s'aperçoit qu'il n'a tiré
> Du fond des eaux rien qu'une bête ;
> 　*Il l'y replonge !*

---

1. Peut-être est-ce une négligence, ou bien une habitude contractée par la fréquentation des poëtes du XVIe siècle, où l'expression de « machine ronde » est assez souvent employée. Mais à cette époque cette expression s'explique, le nouveau système du monde n'était pas encore connu, tandis que La Fontaine dit fort bien du soleil : « Je le rends immobile, et la terre chemine. »

Richelieu ne fut pas plus inhumain quand, à un pauvre diable de solliciteur qui lui disait : « Mais, Monseigneur, il faut bien que je vive ! » il répondit sèchement, laconiquement : « Je n'en vois pas la nécessité. » La raison seule, cette faculté superbe, avec sa logique implacable, peut inspirer de telles répliques.

Ainsi, au XVIIe siècle, l'homme se connaît, se conçoit, et il se connaît et se conçoit comme grand, en tant qu'il pense. Geste, parole, ton, habit, perruque, tout respire la grandeur, la splendeur. Louis XIV s'assimile au soleil. L'immense Versailles, édifié tout exprès, est l'océan où se couche cet astre radieux. Un de ses regards donne la vie ou la mort selon qu'il est doux ou irrité. Vatel en a peur et se tue ; Racine l'affronte, et il en meurt. L'Europe en silence admire le nouveau dieu. Les temps de Danaé sont revenus : les savants étrangers reçoivent dans leurs tours sa pluie d'or, et plus d'une Danaé n'attend pas que la pluie vienne jusqu'à elle ; à la cour du Roi-soleil, où elle s'est rendue, elle sollicite ardemment la pluie.

Mais le corps méprisé, mais la bête ravalée, mais la nature méconnue, réclament enfin leurs droits, et voici la partie sensible de l'être humain qui prend le dessus ; c'est le XVIIIe siècle qui commence. Du château de Versailles nous tombons, avec Louis XV, dans le petit Trianon et les petites amourettes ; puis, avec Marie-Antoinette, nous sommes en pleine bergerie ; nous trayons les vaches là même où cinquante ans plus tôt on eût été scandalisé d'entendre un simple mugissement. Tandis qu'en haut la nation s'effémine ainsi, jouant à la sensiblerie, s'amusant à enrubanner la nature, d'en bas vient une poussée d'énergies et de volontés qui renverse tout. Un désir jusqu'alors inconnu de liberté et d'égalité s'est emparé du peuple et de la bourgeoisie, et l'ère de la Révolution s'ouvre. Avec celle-ci nous touchons au XIXe siècle.

Ainsi, pour le XVIIe siècle, le tout de l'homme, c'est la pensée ;

pour le XVIIIe, le tout de l'homme, c'est la sensibilité ;

et pour le XIXe, le tout de l'homme, c'est la volonté.

A nos yeux, l'homme tout entier est pensée, sensibilité et volonté, et nous marchons vers cet harmonieux développement des facultés humaines.

Voilà, ramassés en gros, les traits que j'aurais voulu répandre en détail dans mes fables. Malheureusement, ainsi que je l'ai dit plus haut, ce projet de ma jeunesse est resté à l'état d'ébauche. Force m'a été d'agir en cette circonstance à la Jean-Paul, c'est-à-dire de prendre pêle-mêle tous mes apologues, les historiques comme les autres, et de les embrocher au petit bonheur pour former le présent livre.

Le lecteur exigeant (et quel lecteur ne l'est pas ?) s'étonnera peut-être du silence que je garde au sujet du grand siècle de la *Renaissance,* c'est-à-dire de cette époque où s'éveillèrent tout à coup chez nous la pensée, la sensibilité et la volonté [1], mais pêle-mêle, sans règle ni frein ; je me suis réservé cependant d'en parler, et cette fois dans la langue des dieux, comme il convient de le faire pour toutes les choses jeunes, fraîches et quasi divines. Voici le morceau ; c'est par lui que je termine ma *Comédie à cent actes.*

Tel était mon désir : te peindre dans mes fables,
O France, qui tendis tant de fois secourables
Tes mains, et ne reçus d'autrui que des affronts !
Je voulais te montrer, — alors que tous les fronts
Se courbaient, — la première à relever la tête,
A balayer tes rois, à tenter la conquête
Du droit, des justes droits ! Je voulais remonter
Plus haut dans ton passé, te voir grandir, lutter,

---

1. Les savants représentent alors la pensée, la cour corrompue des Valois la sensibilité, et les protestants la volonté. Ces trois facultés entrèrent en lutte, et l'on sait quels désordres en résultèrent. Au XVIIe siècle la sensibilité et la volonté cédèrent le pas à la raison, et la lutte cessa.

Hausser ton large front vers le Vrai, vers le Juste,
Et faire refleurir le grand siècle d'Auguste.
Dès Ronsard s'agitait quelque chose en tes flancs ;
La Réforme y grondait et ses troubles sanglants ;
Tu tâchais d'échapper au sombre moyen âge,
D'affranchir ton grand cœur d'un étouffant servage !

Siècle heureux que celui qui but l'enivrement
Des lettres et des arts, et de ravissement
Fut saisi quand soudain un rayon de la Grèce,
Pénétrant jusqu'à lui, perça la nuit épaisse !
Pays mort, tu renais par l'inspiration !
Ce miracle est d'un Dieu ! La lyre d'Amphion
N'avait su que mouvoir des pierres ; pour Orphée,
Il n'avait pu toucher et grouper en trophée
Que des lions unis aux arbres des forêts :
Tout cela s'avançait et marchait au progrès !
Mais faire que la vie éteinte recommence,
Qu'un peuple mort se lève et dise : « Renaissance ! »
Ah ! cela, cela seul est ton œuvre, Apollon !

Tes poètes en foule errent au saint vallon ;
Chacun d'eux s'y choisit à l'écart une terre
Où, libre, il tient la lyre, et chante, solitaire,
Semblable au Rossignol éclatant sous les cieux !
Au bord des fleuves tous, assis comme des dieux,
Célèbrent les bienfaits de l'onde murmurante,
Mêlant à leurs refrains le doux nom d'une amante.
Ronsard le Vendômois est assis sur le Loyr :
Plus d'une Muse accourt, se penche pour l'y voir ;

Sur le Loth est Magny; Baïf est sur la Seine;
Tahureau va chantant et la Sarte et la Meine,
Et l'évêque Pontus regarde, soucieux,
« La Sosne, enflée alors au pleuvoir de ses yeux! »

O les hardis élans de la vingtième année.!
Ruche en effervescence et de miel safranée,
Quel pillage tu fais des fleurs tout fleurant bon
De la Grèce et de Rome à l'immortel renom!
Combien d'abeilles là périssent à l'ouvrage,
Un aiguillon divin surmenant leur courage!
C'est Jacques de La Taille expirant à vingt ans!
Pernette du Guillet parmi les combattants
S'avance et tombe aussi, disant ton nom, ô Sève!
Mais la Belle Cordière, — est-ce pas un doux rêve? —
Offre du capitaine un des plus beaux portraits.
« Pour boire avec ses yeux tes beautés à longs traits, »
Que n'aurait pas donné Jamyn vivant à Troyes!
Mais, voici que la Mort veut de nouvelles proies :
Bastier de la Péruse et Jacques Tahureau,
Avec Grévin, Magny, tombent sur le carreau!
En vain Roger Bontemps [1] *s'égaye et cherche à rire,*
En son Médoc aimé [2] *La Boétie expire !*
Le vigoureux Jodelle est lui-même emporté!

---

1. Son vrai nom est *Roger de Collerye.*
2. Voir les sonnets d'Estienne de La Boétie. Dans l'un d'eux il
s'écrie :

> O Médoc, mon païs solitaire et sauvage,
> Il n'est point de païs plus plaisant à mes yeux! etc.

Ainsi tombent les fleurs quand le faîte agité
De leur tige a senti le souffle de Borée!
Poètes, votre mort longtemps sera pleurée!

D'autres restent, chantant leur Lyré, leur Lodun,
Et le « Clain doux-coulant », et la Meuse, et Verdun.
La Boétie avait célébré « sa Dourdouigne »,
Et Claude de Pontoux, « sa mère, la Bourgouigne »!
Qu'ils sont plaisants à l'œil ces vieux noms bien-aimés!
Comme parlent au cœur retracés, animés,
Tes traits, tes nobles traits, ô France, notre mère!
C'est onde de Jouvence, et non point onde amère,
Que le flot qui murmure en ces jeunes auteurs.

Les vieux Maîtres sont là, Dorat et les docteurs,
Les Salel, les Muret, les Budé, les Turnèbe,
Saintement enseignant le grec au jeune éphèbe
Qui, la lampe à la main, se retire fort tard
Et veille avec Baïf, comme le fit Ronsard,
Accourcissant leurs jours pour allonger leur gloire!
C'est de cette onde-là, jeunes gens, qu'il faut boire.

FIN

7749. — Paris, impr. Jouaust, rue Saint-Honoré, 338.